collana didattica di musiche a cura di

Celestino Dionisi

Dedicato al Flauto Dolce

Gli scambi tra le dita
per Contralto

Exchanges between fingers
for Treble recorder

Vol. 1

ISBN | 978-88-93212-93-9

© Tutti i diritti riservati all'Autore
Nessuna parte di questo libro può essere riprodotta senza il
preventivo assenso dell'Autore.

Youcanprint Self-Publishing
Via Roma, 73 - 73039 Tricase (LE) - Italy
www.youcanprint.it
info@youcanprint.it
Facebook: facebook.com/youcanprint.it
Twitter: twitter.com/youcanprintit

Baroque Personal Trainer
http://studioemc.it/baroquetrainer/

Per vedere i video relativi a questo e ad altri volumi della collana:
To view videos on this and other books in the series:
You Tube: http://www.youtube.com/user/BaroqueTrainer

Gli scambi fra le dita

Exchanges between fingers

Do

1)

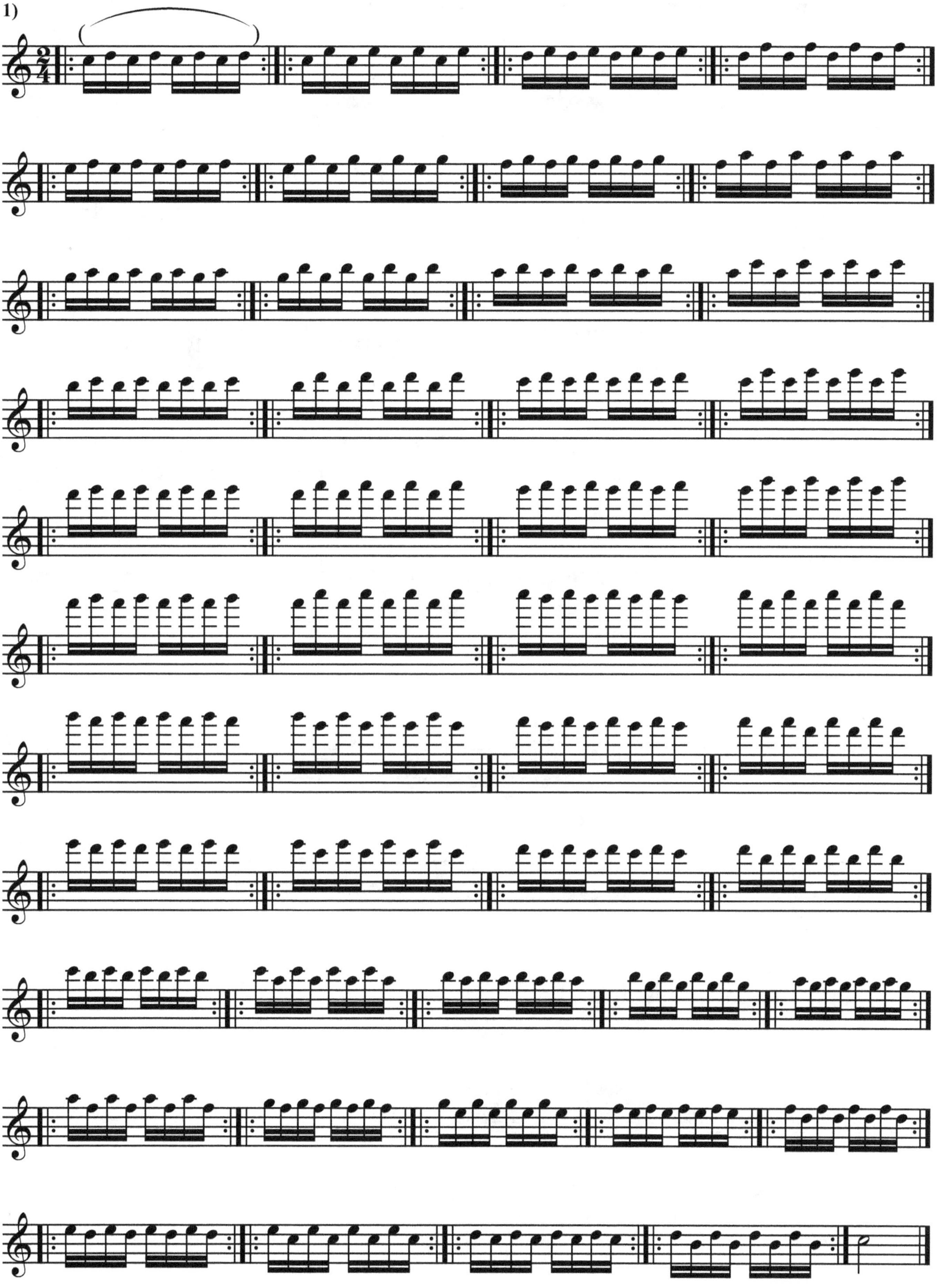

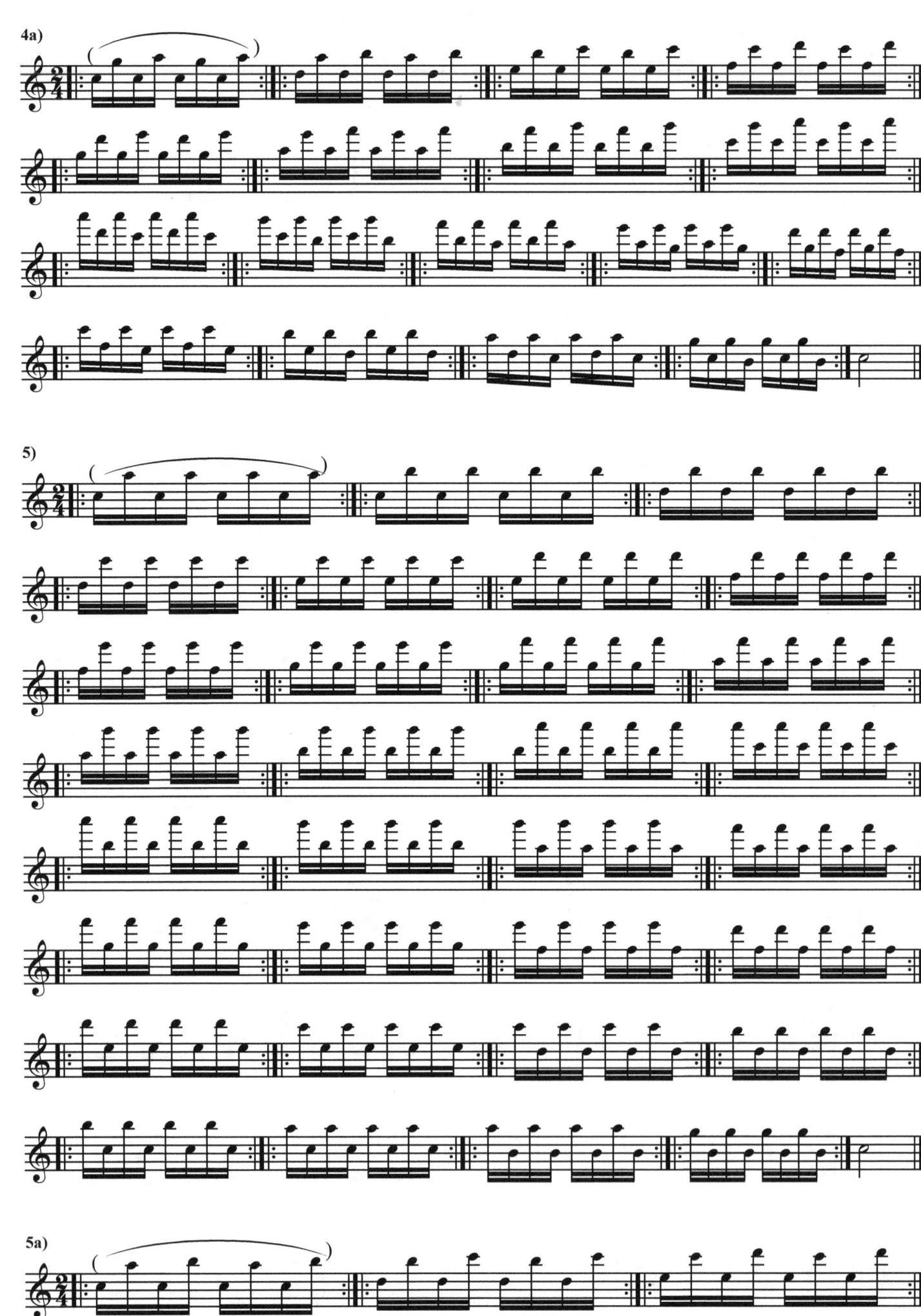

La minore armonica

1)

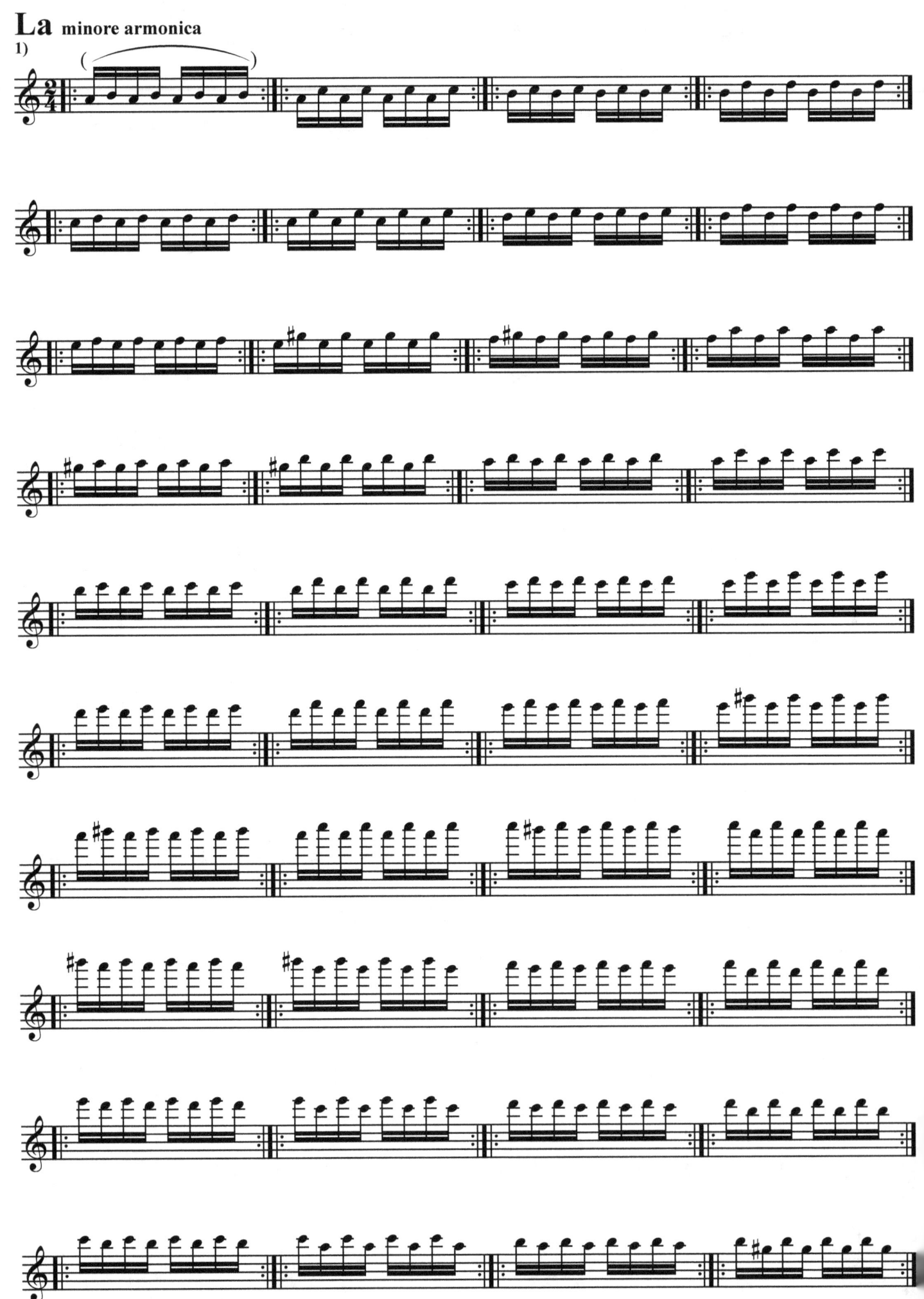

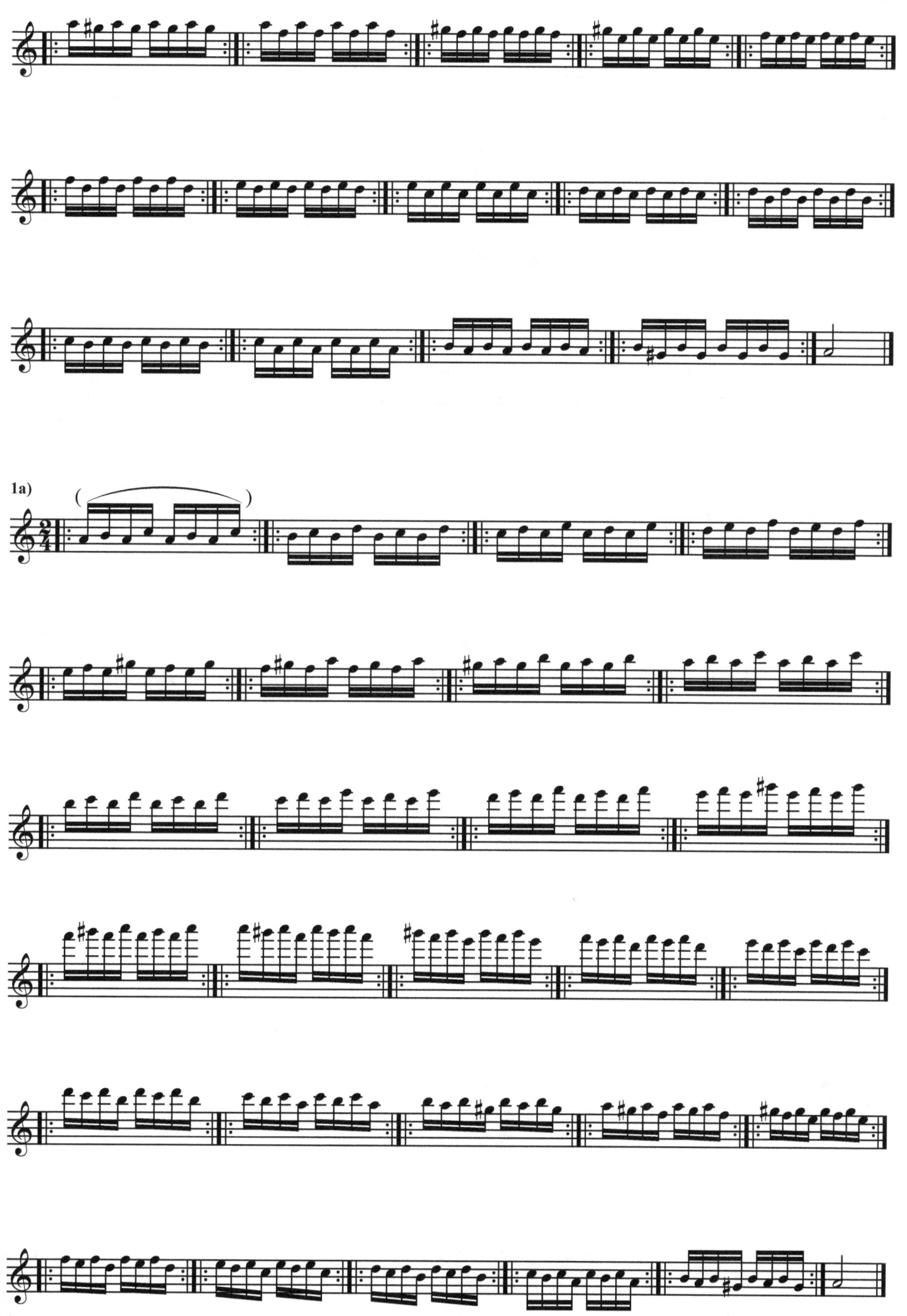

2)

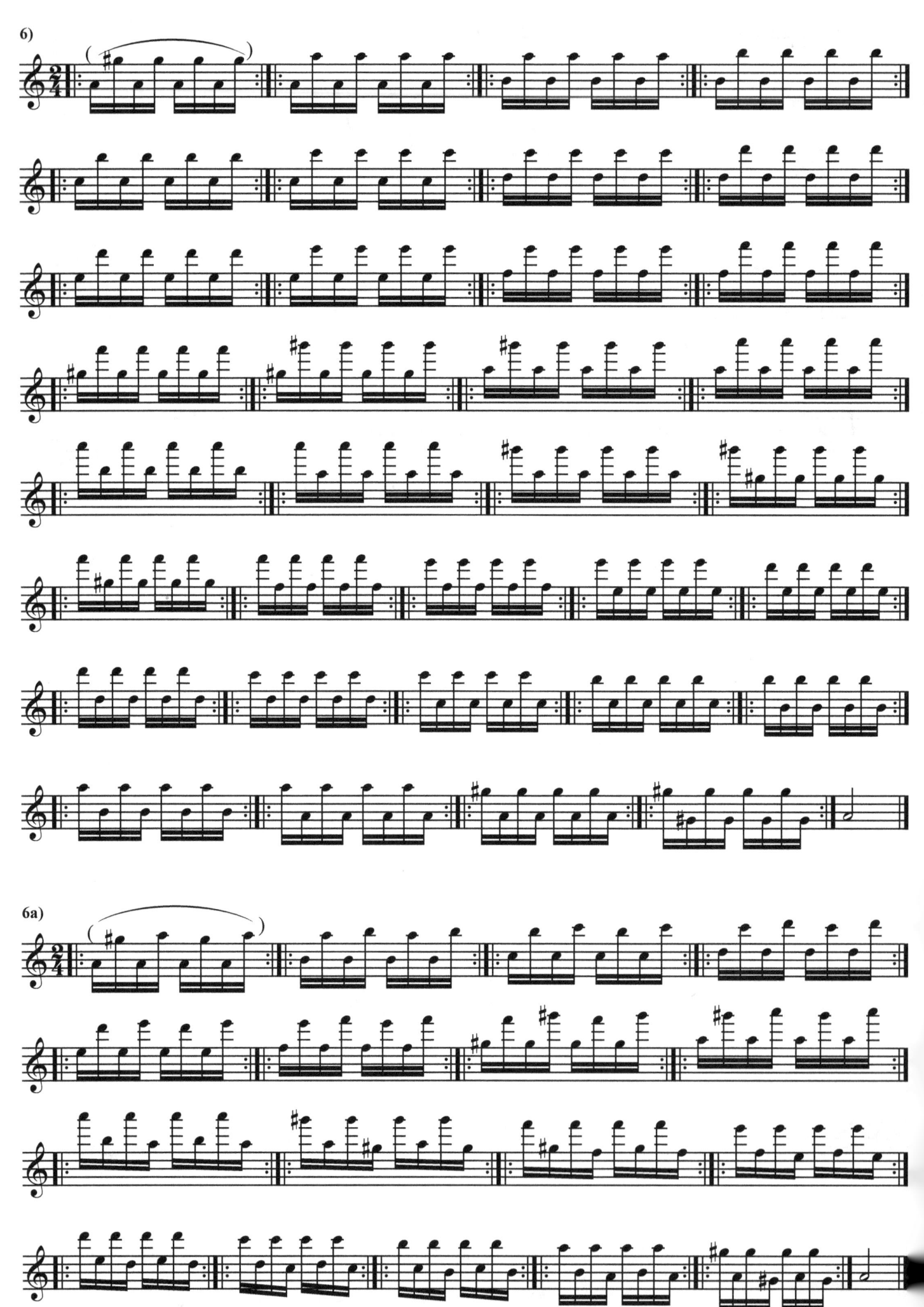

La minore melodica

1)

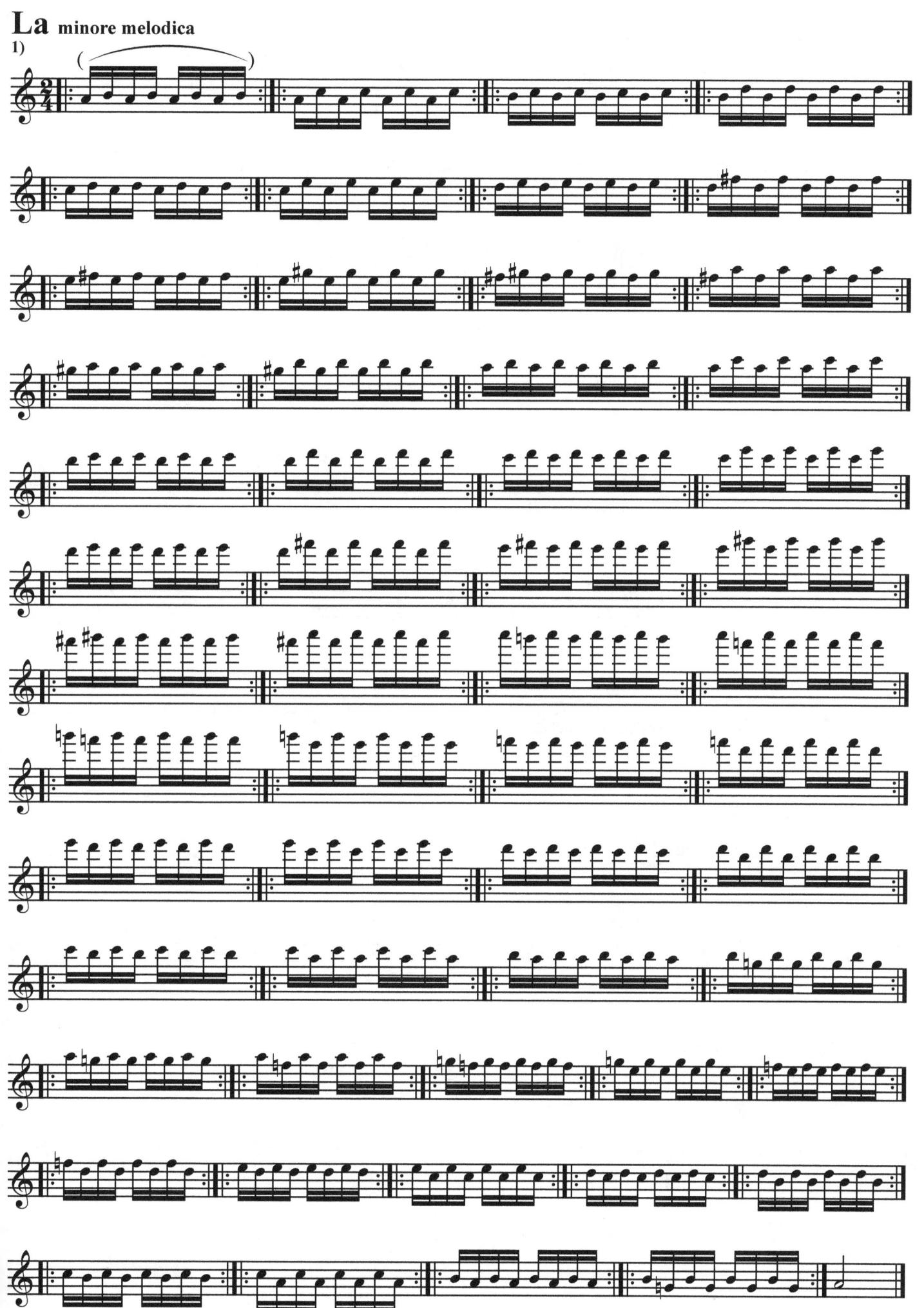

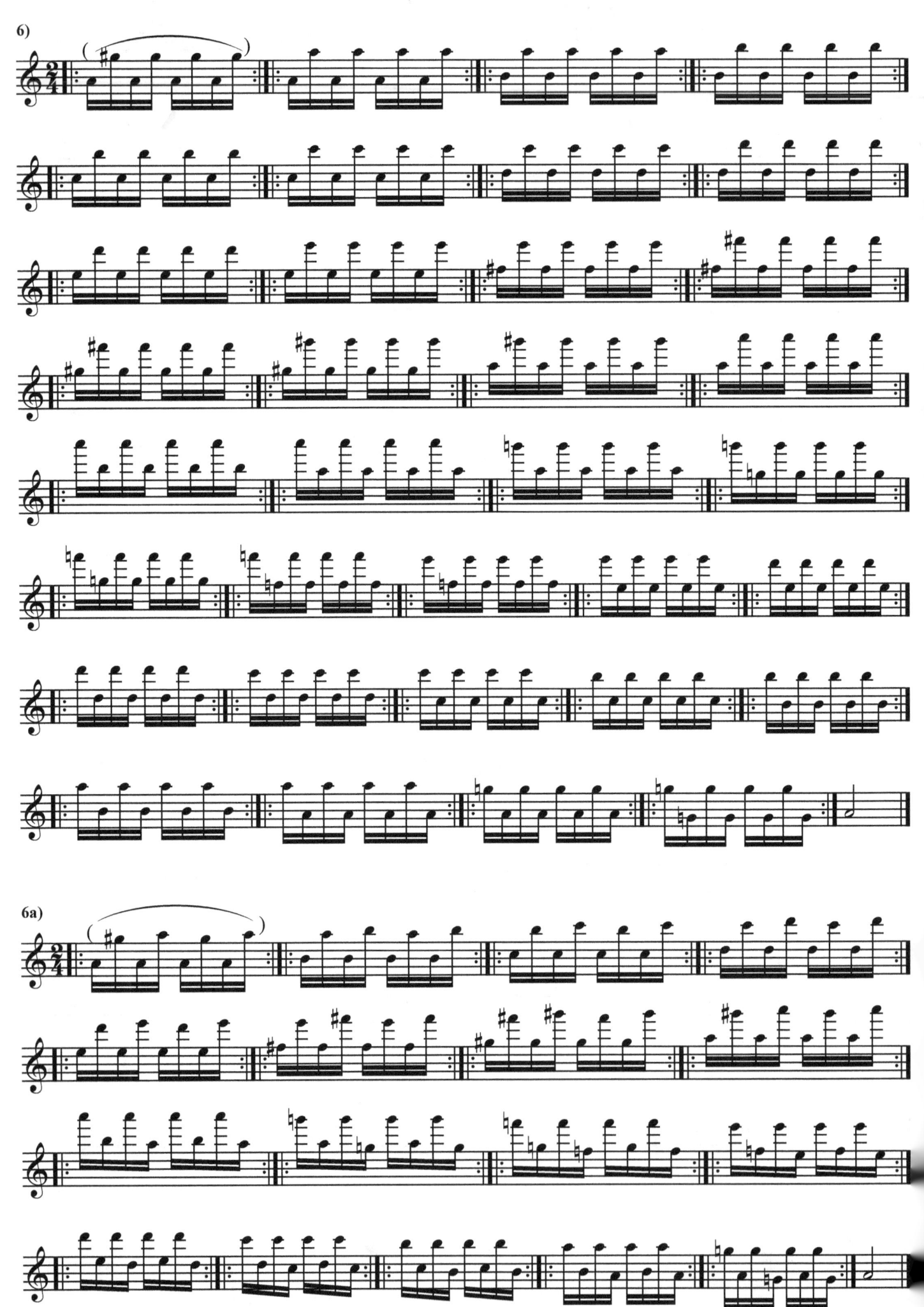

La minore Bach

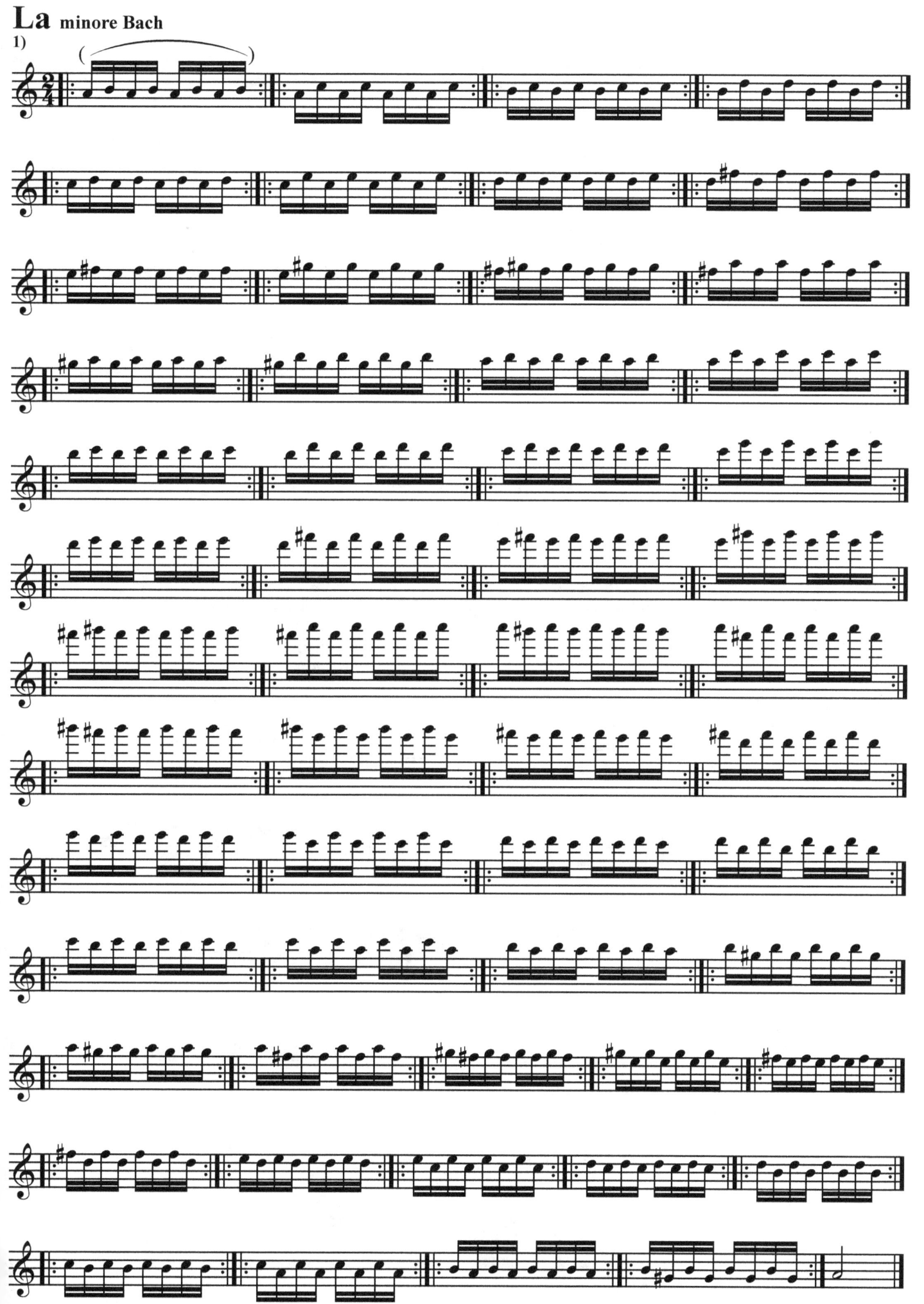

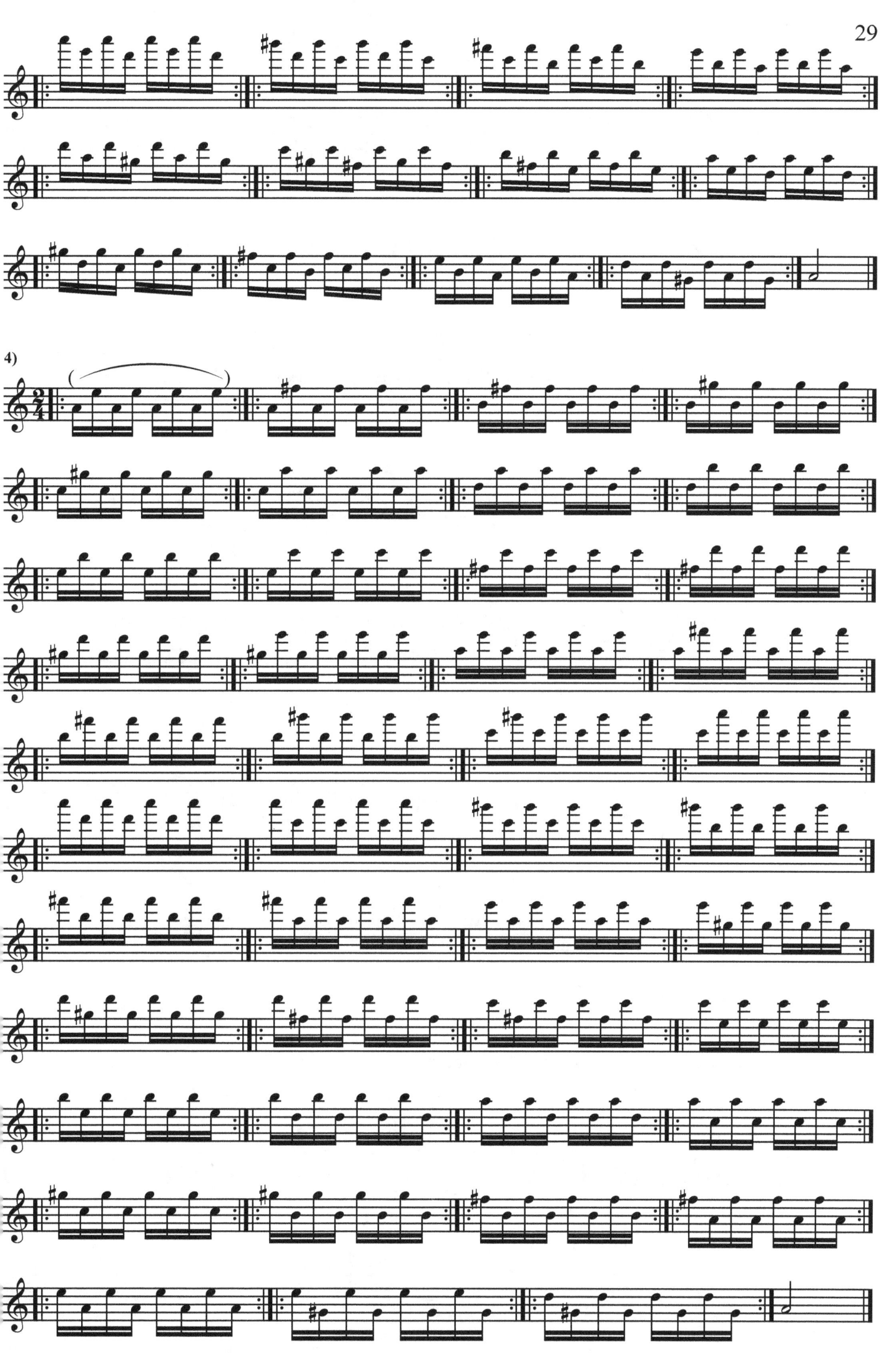

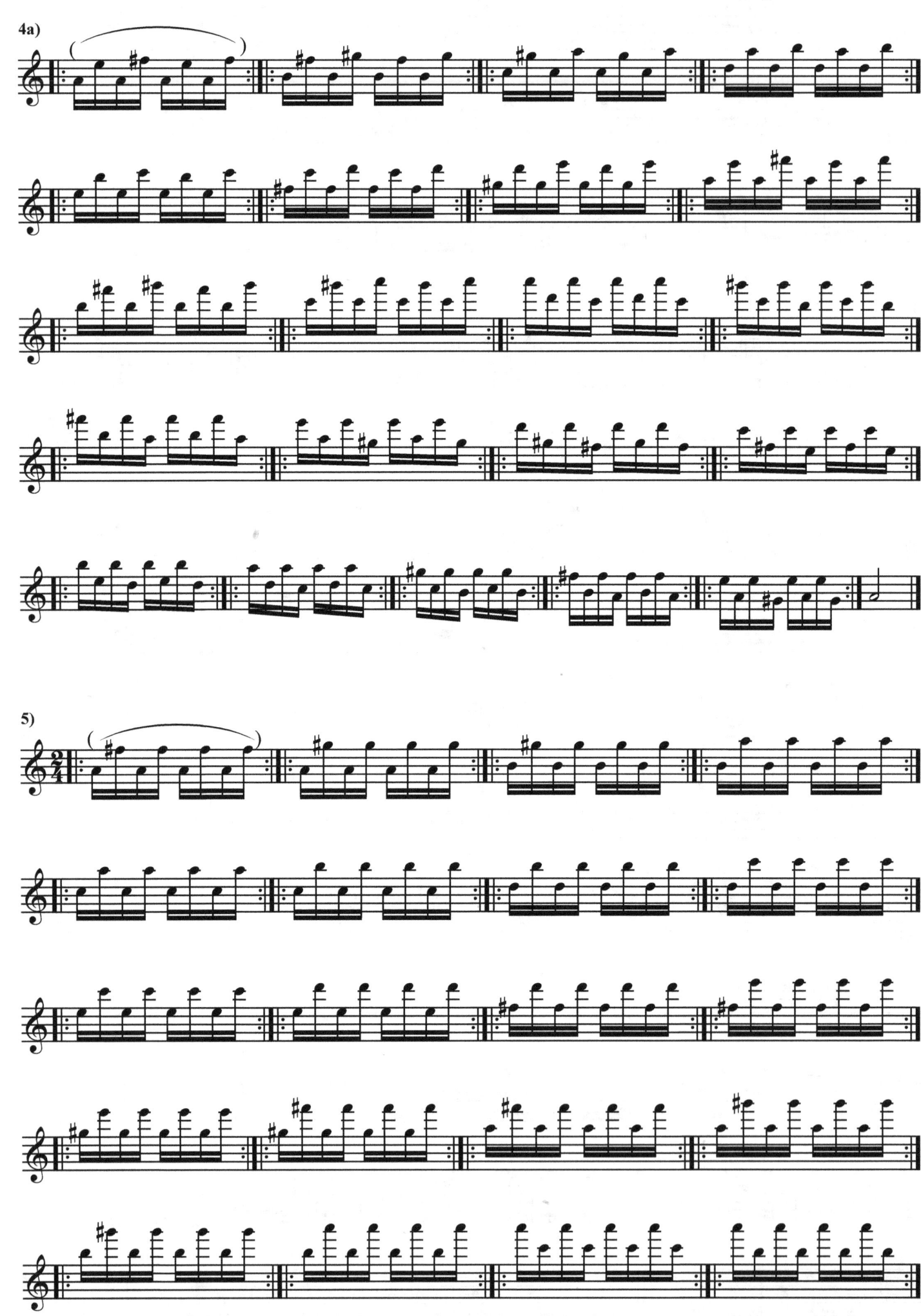

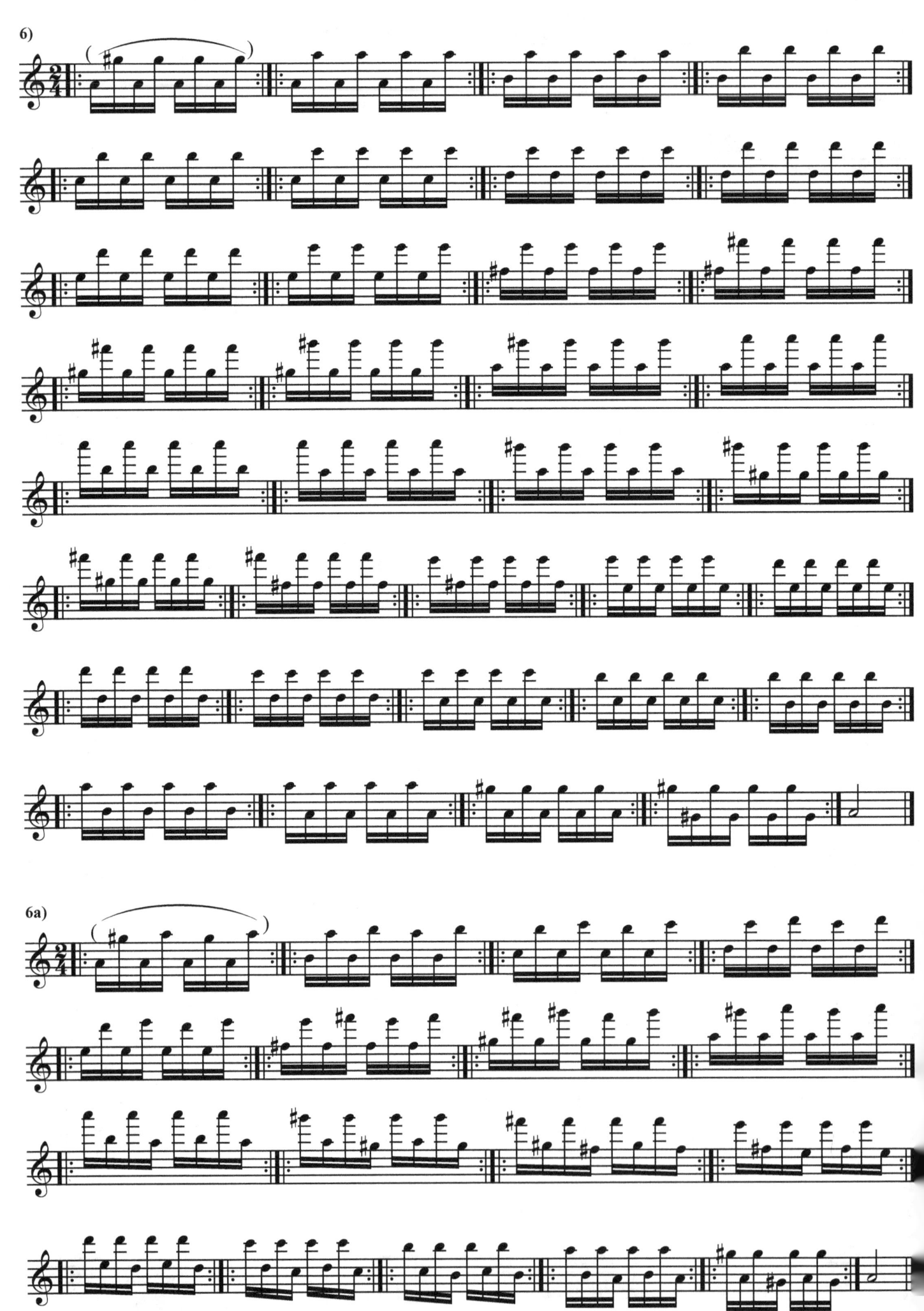

Fa

1)

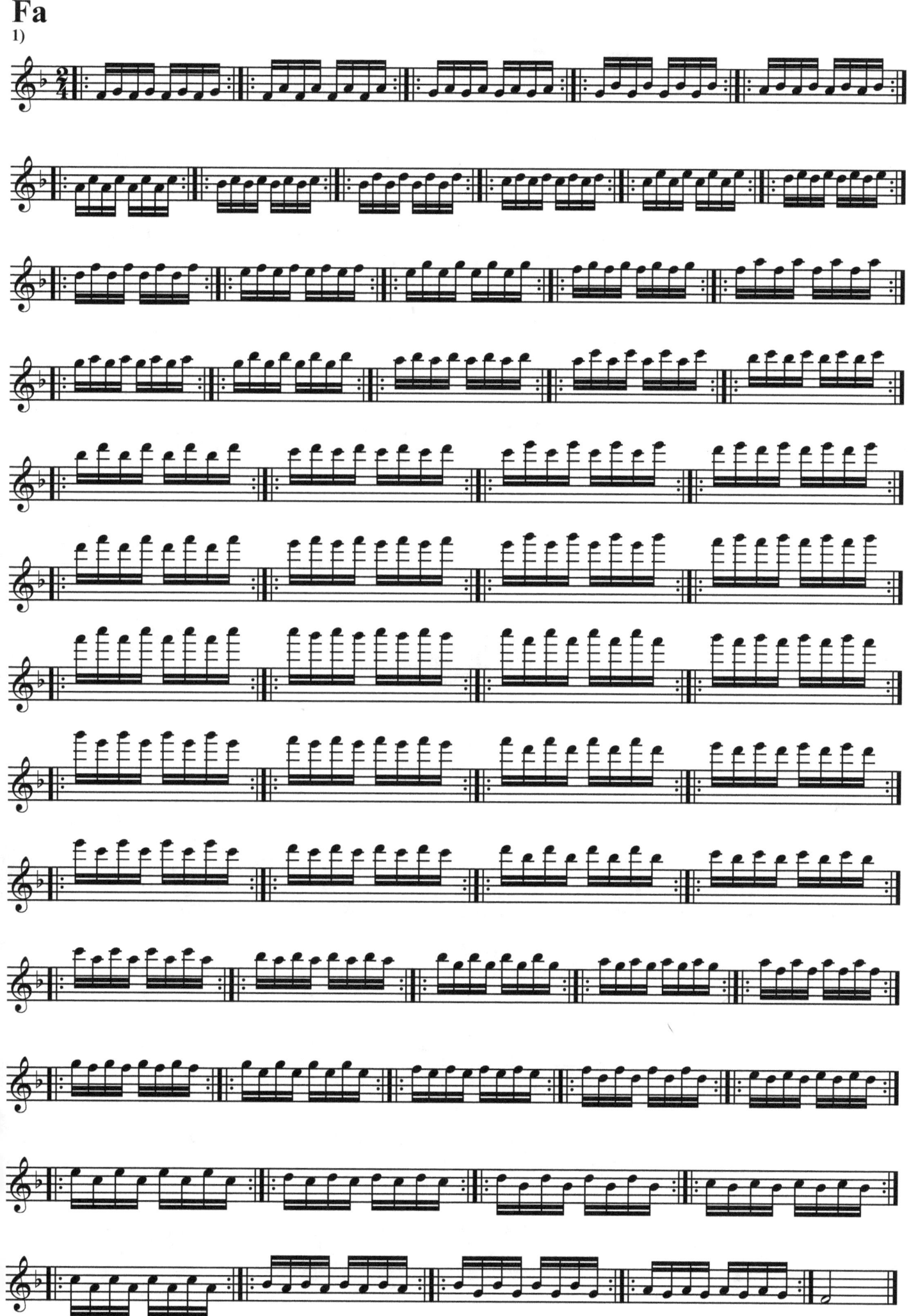

6a)

Re minore armonica
1)

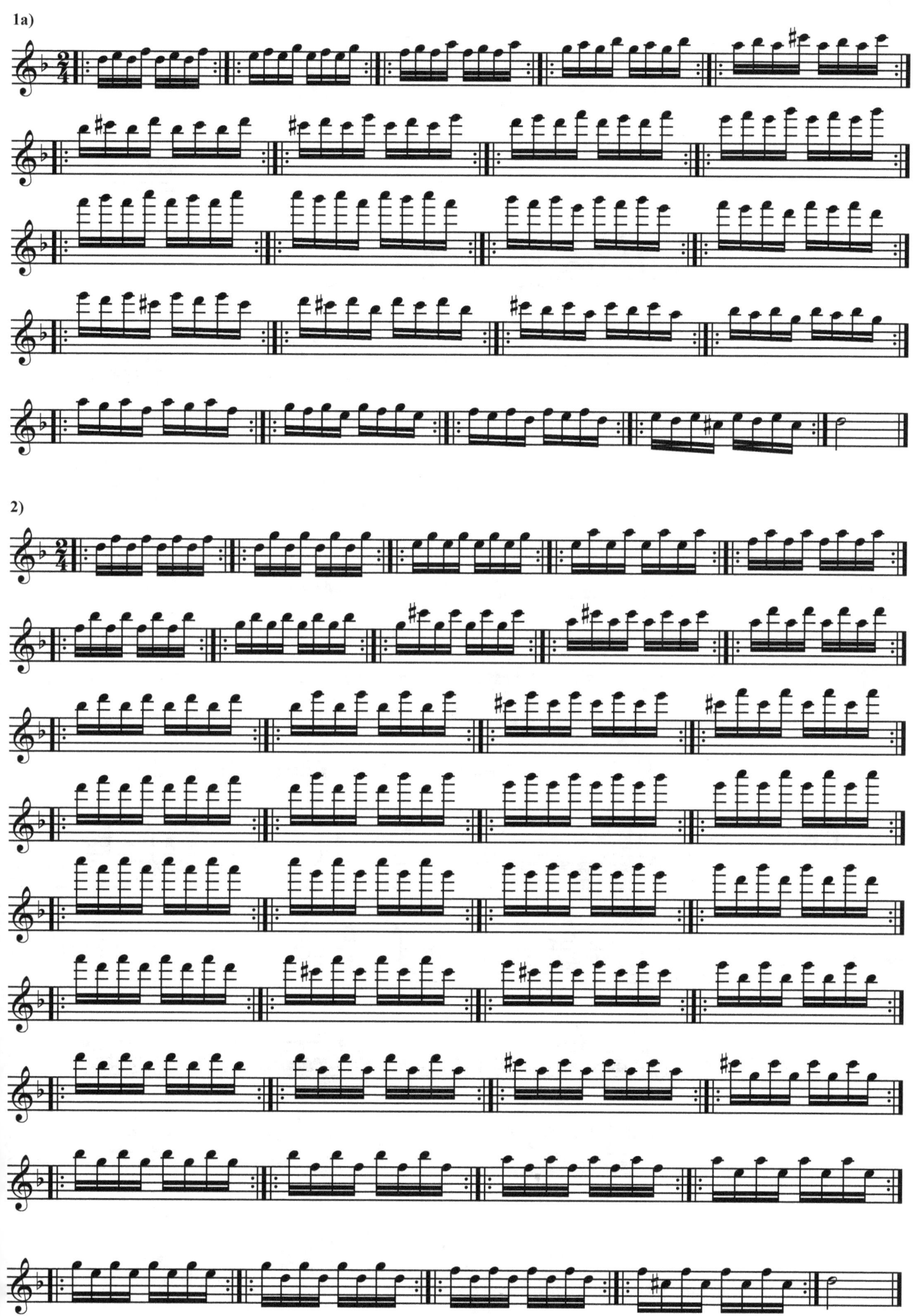

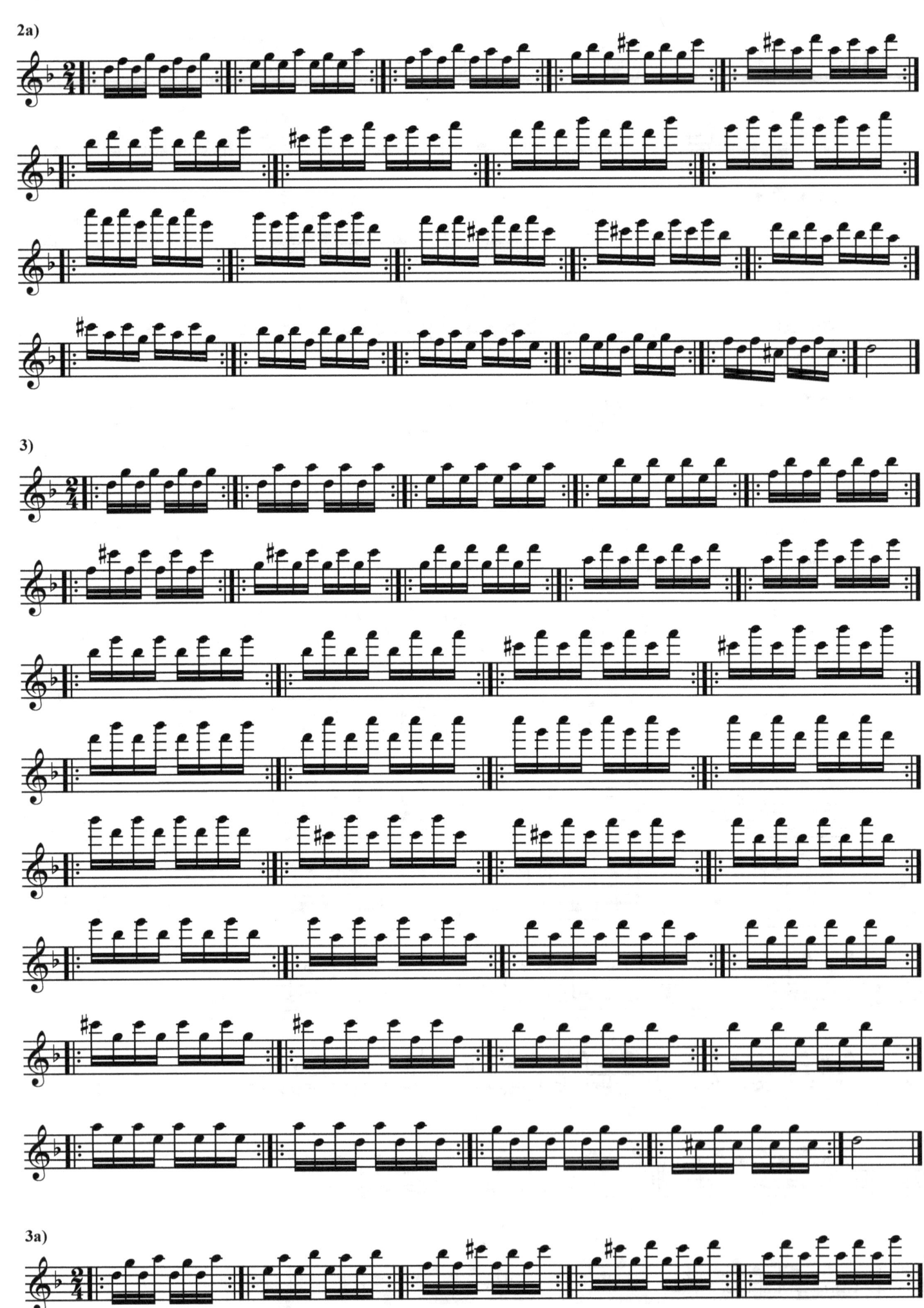

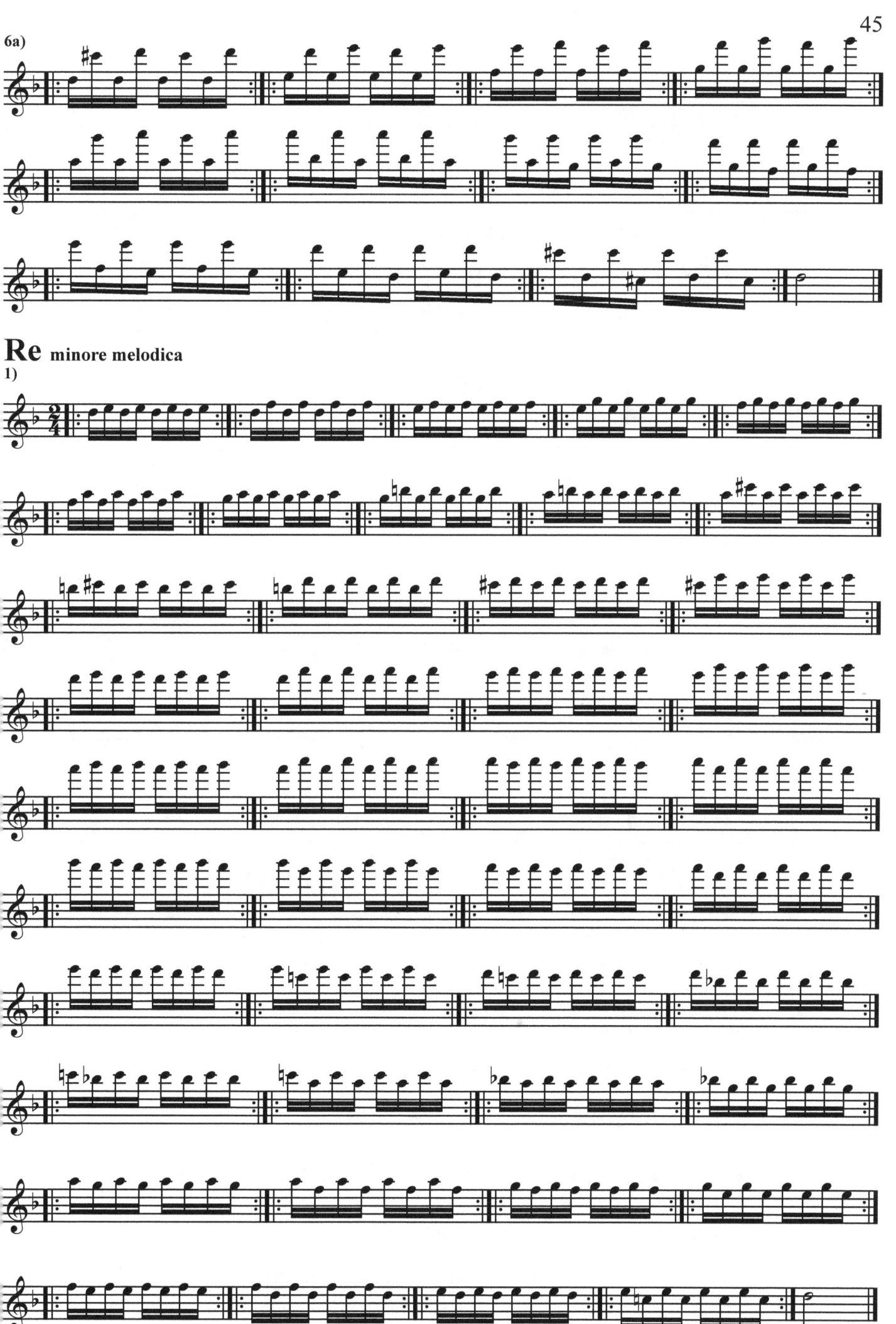
Re minore melodica

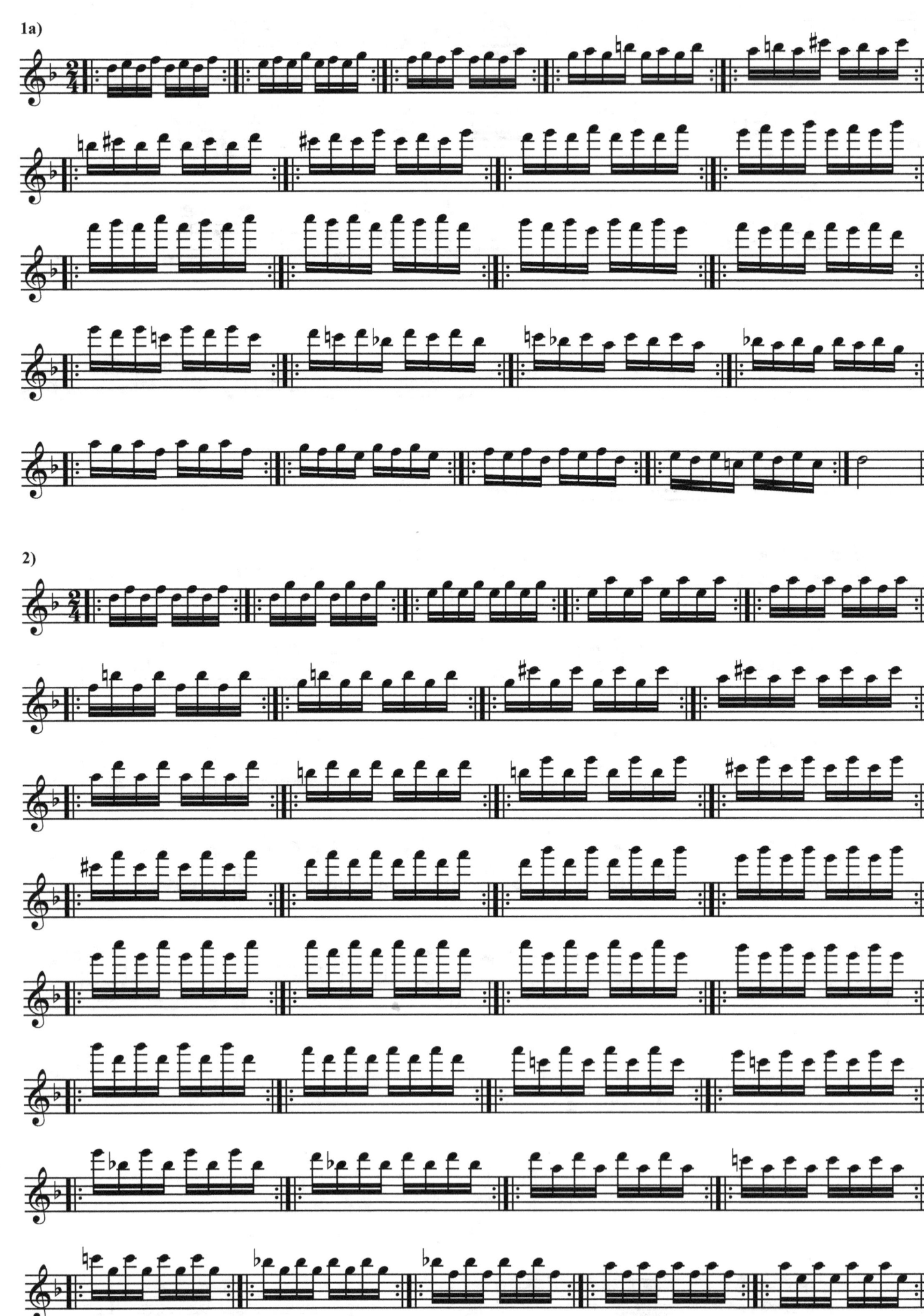

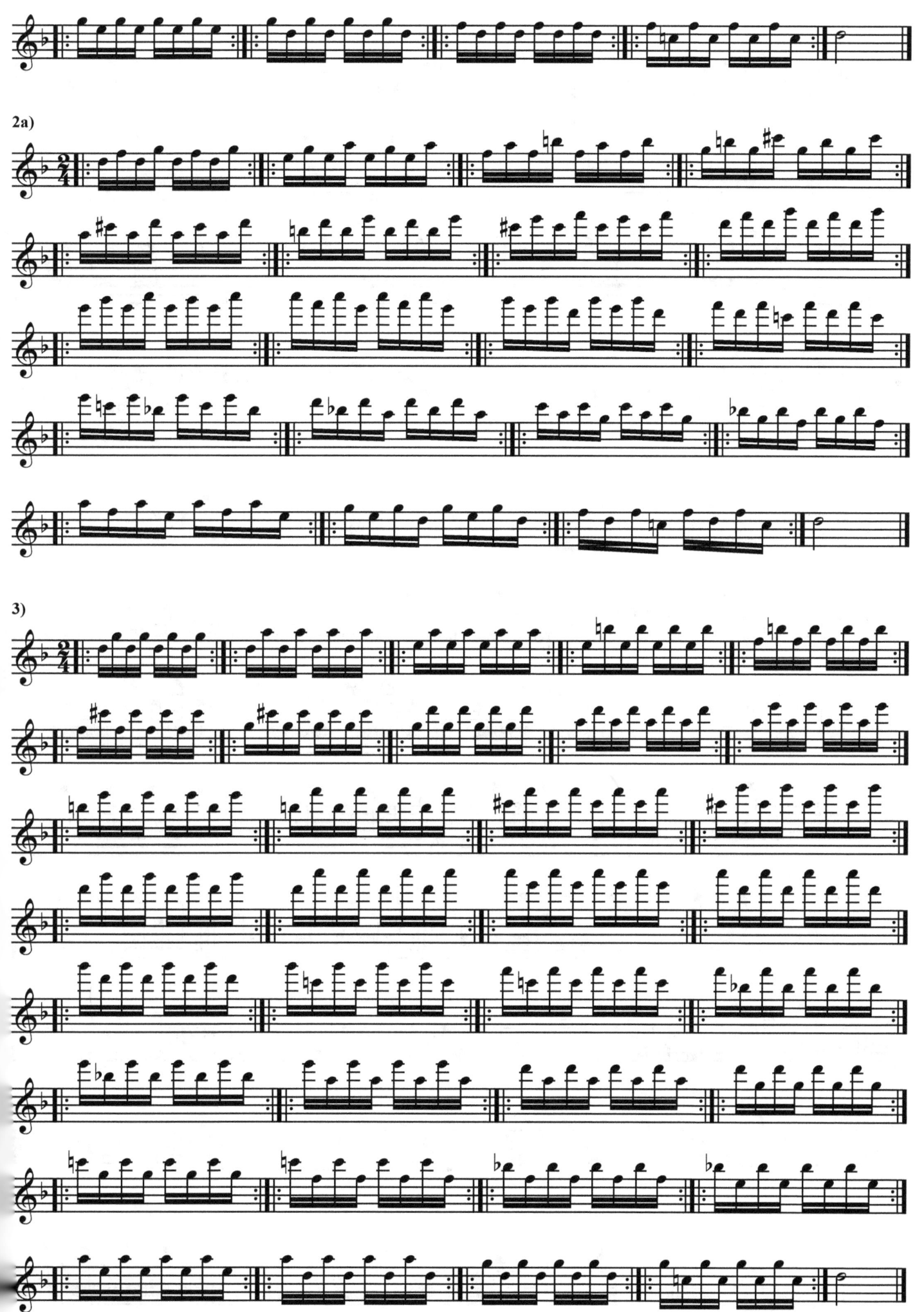

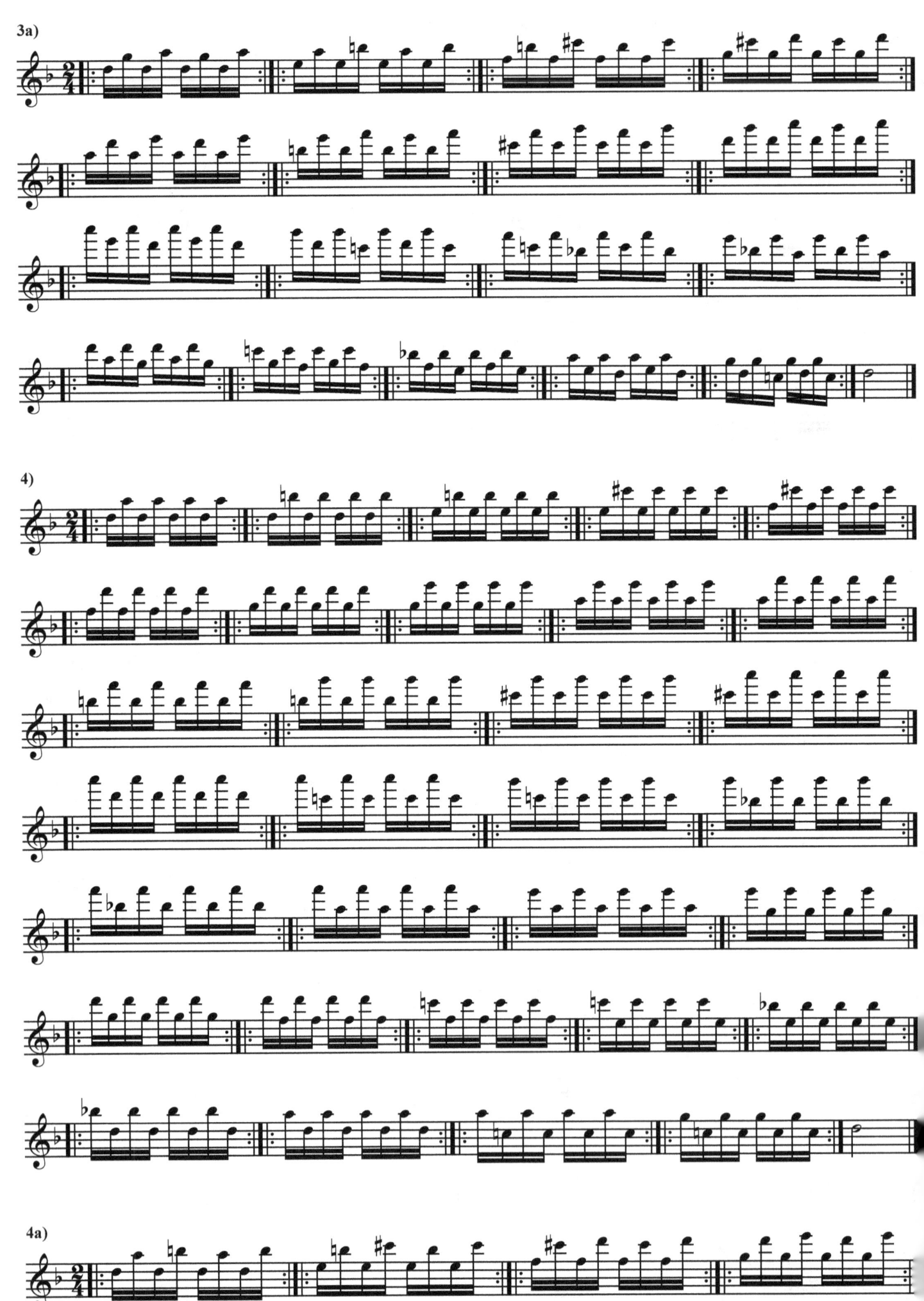

Re minore Bach

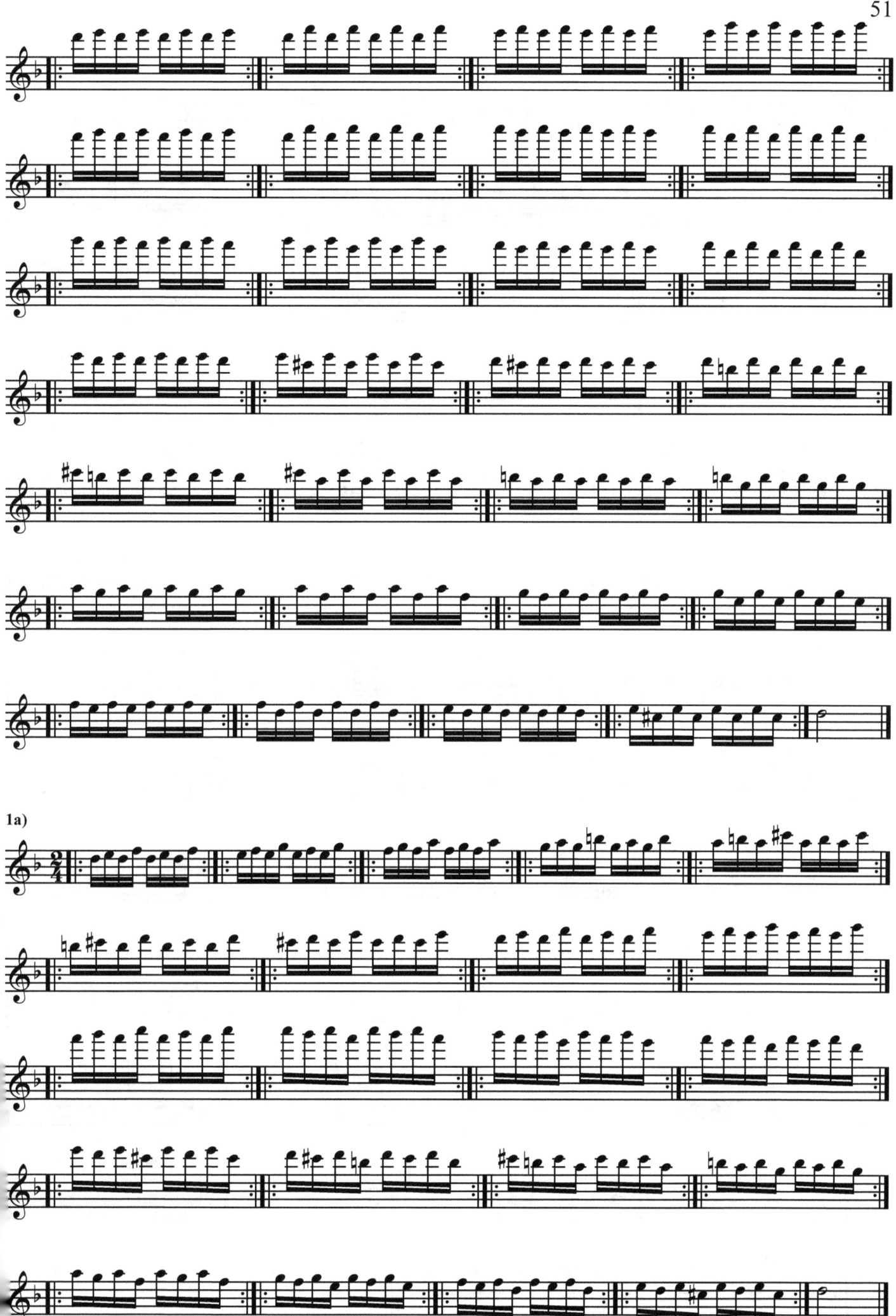

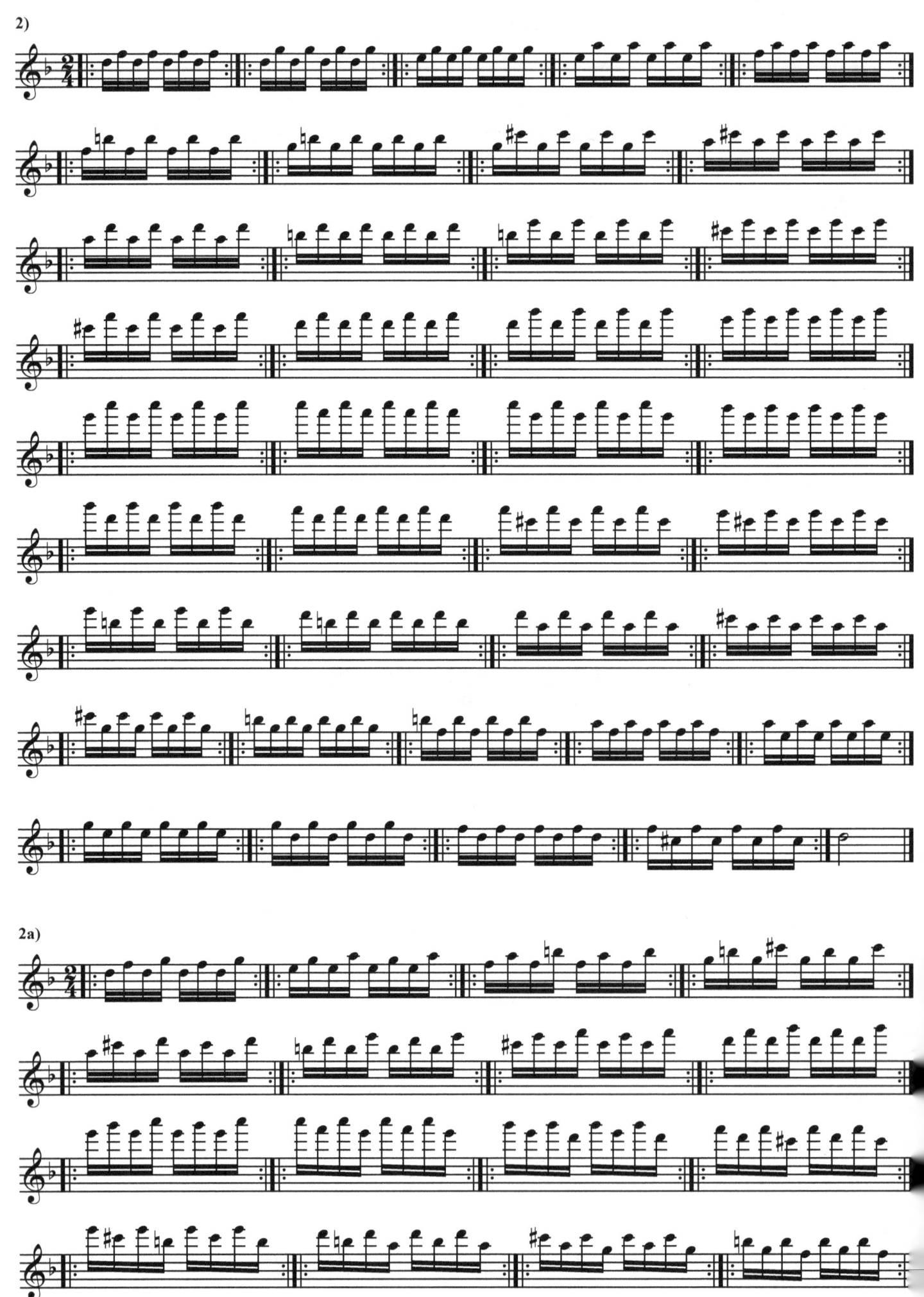

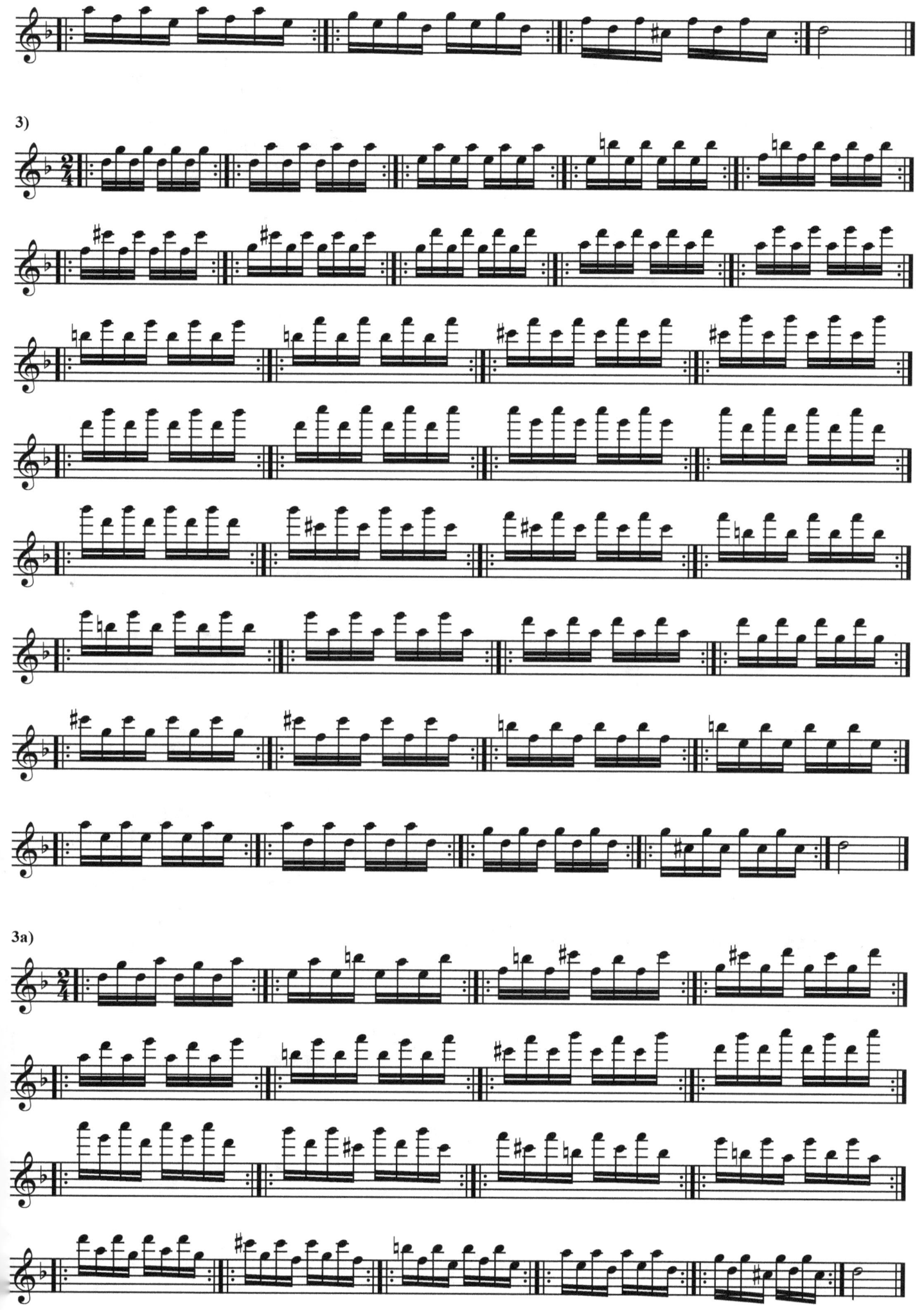

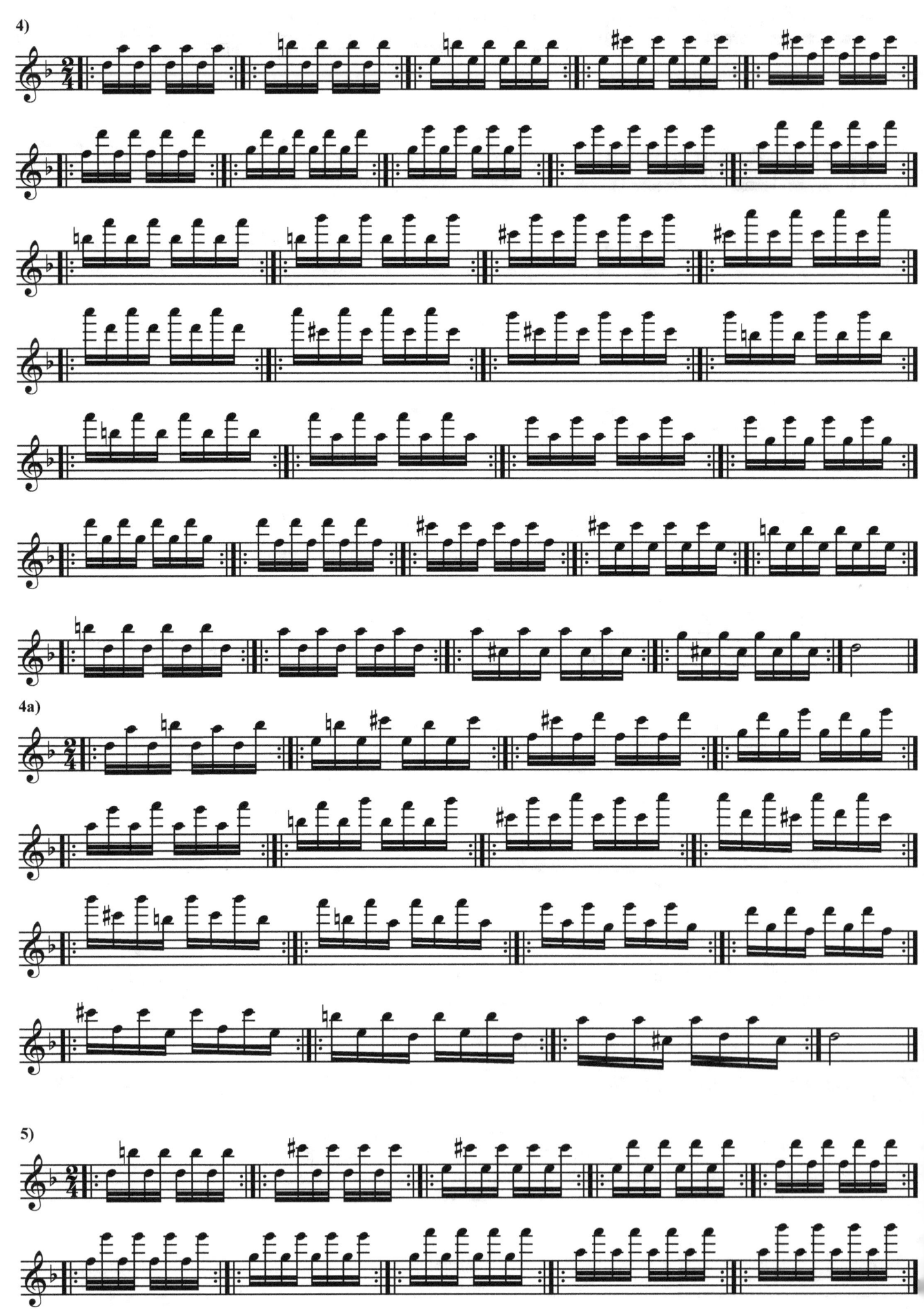

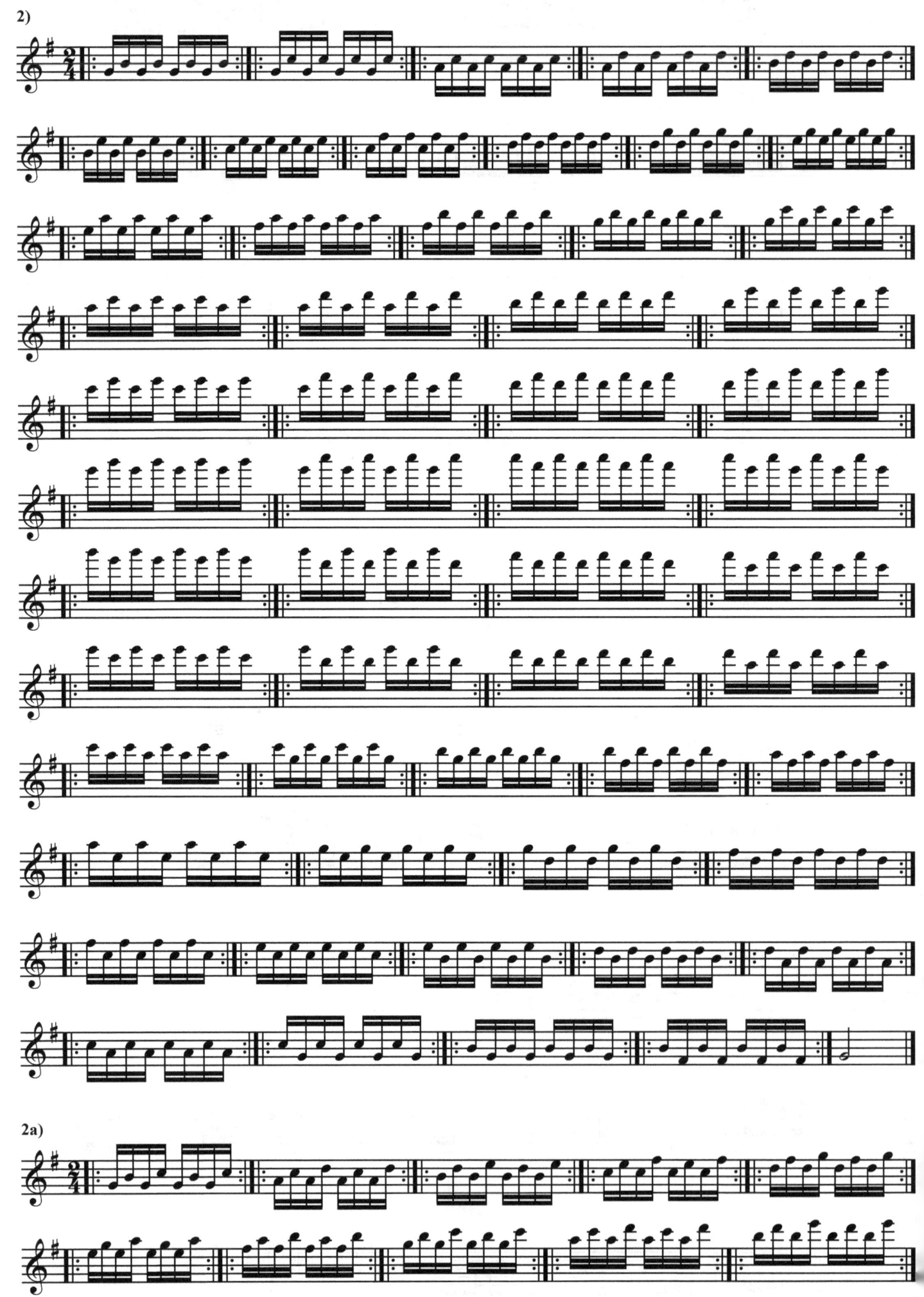

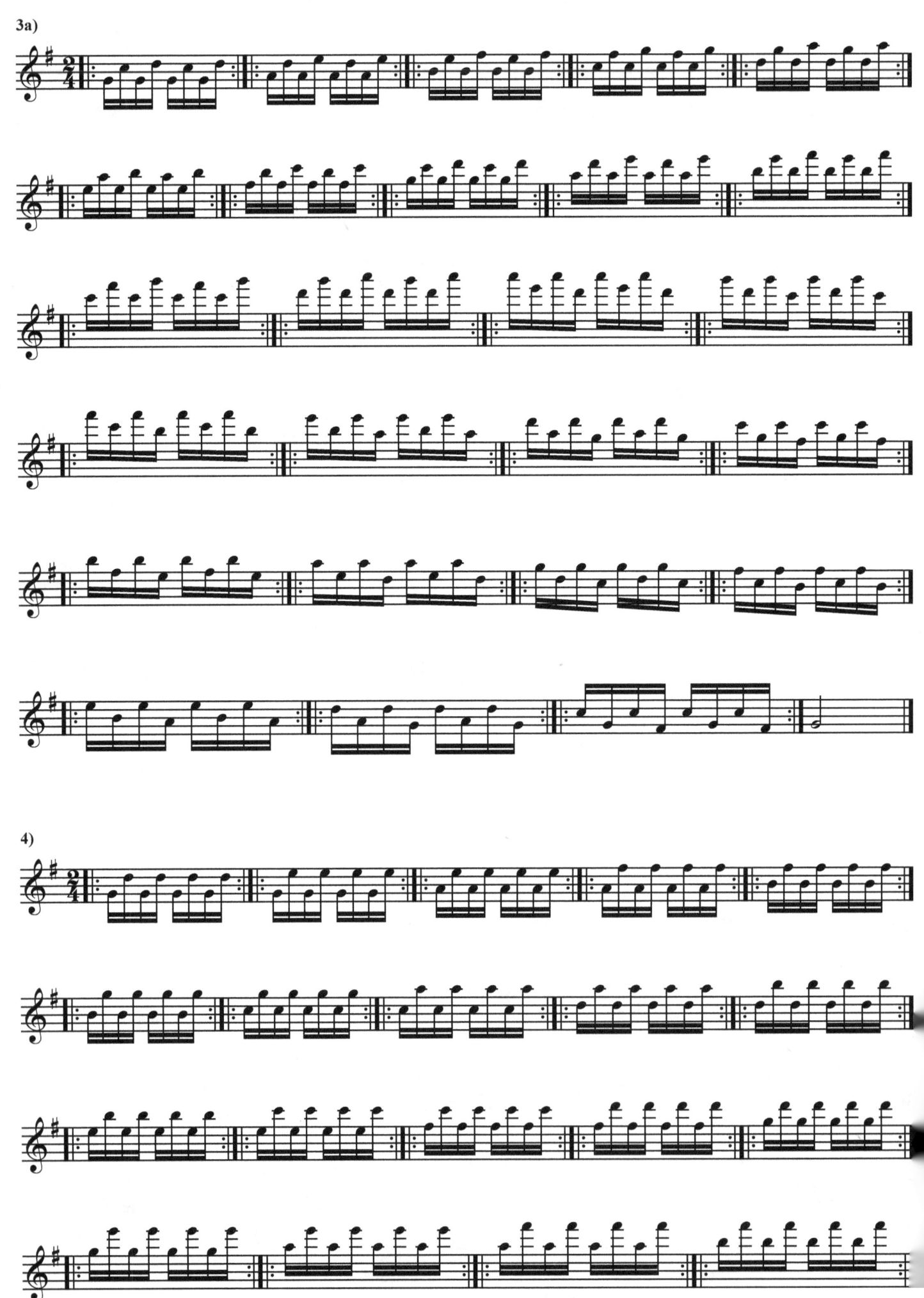

64
Mi minore armonica

1)

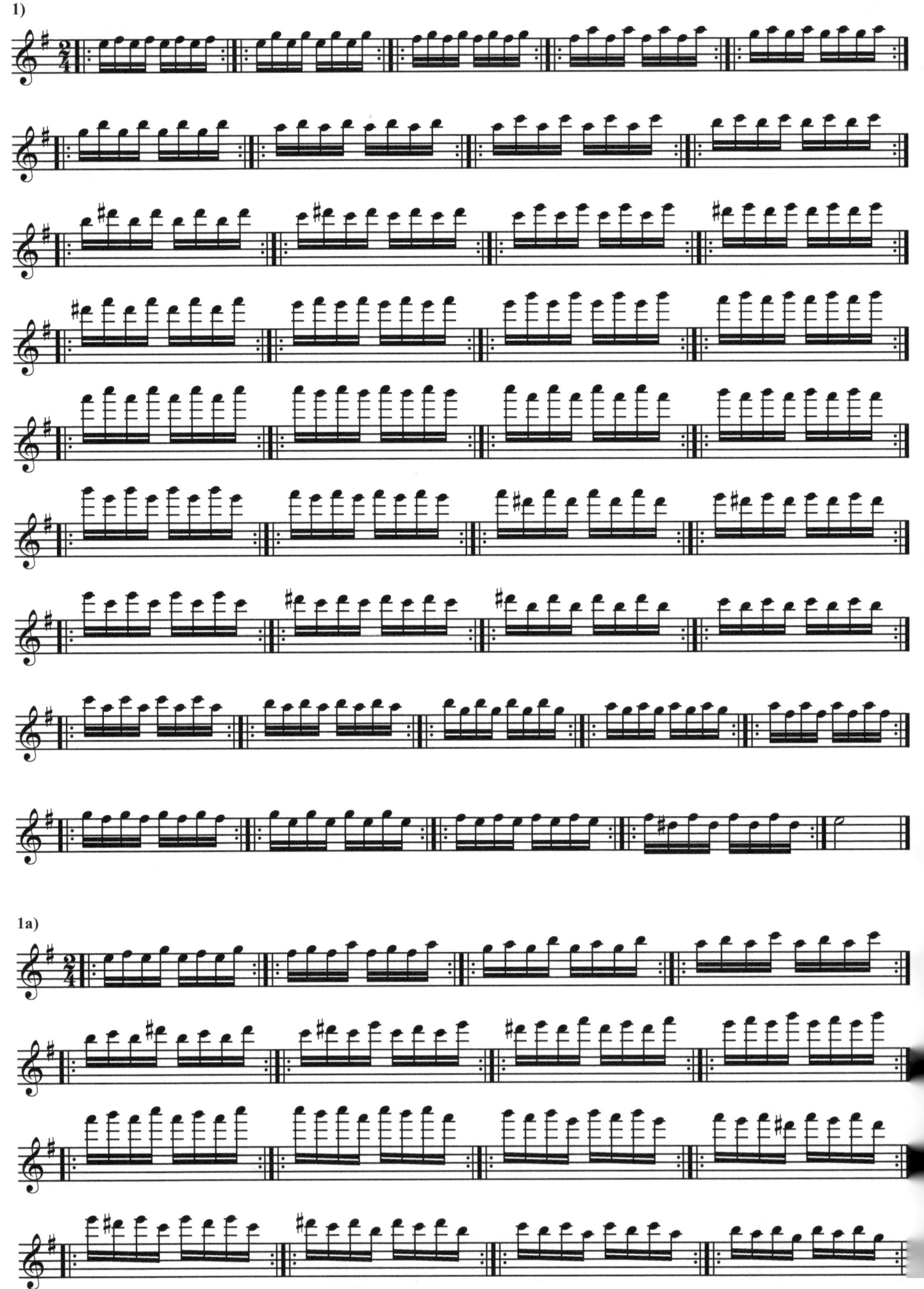

1a)

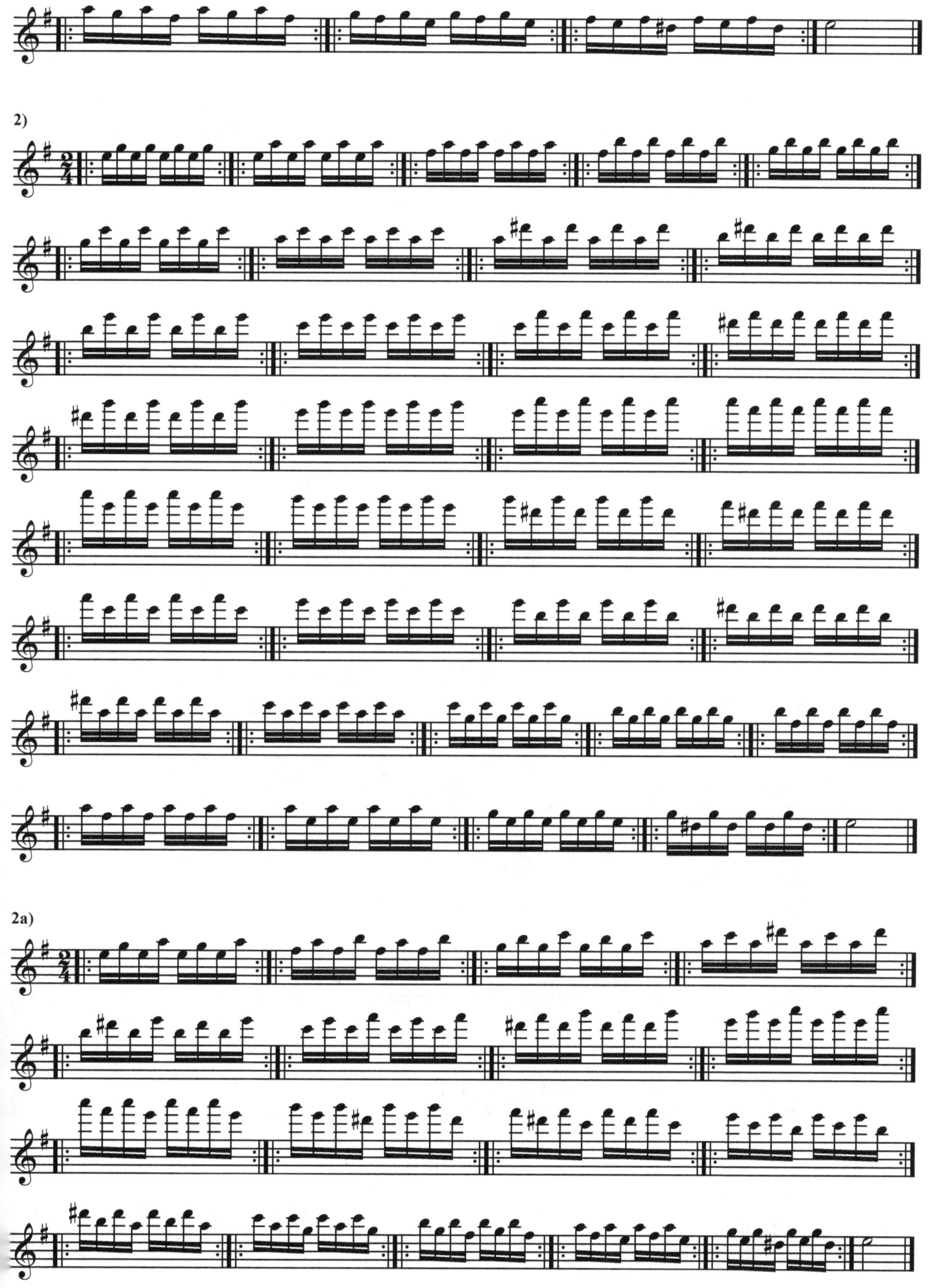

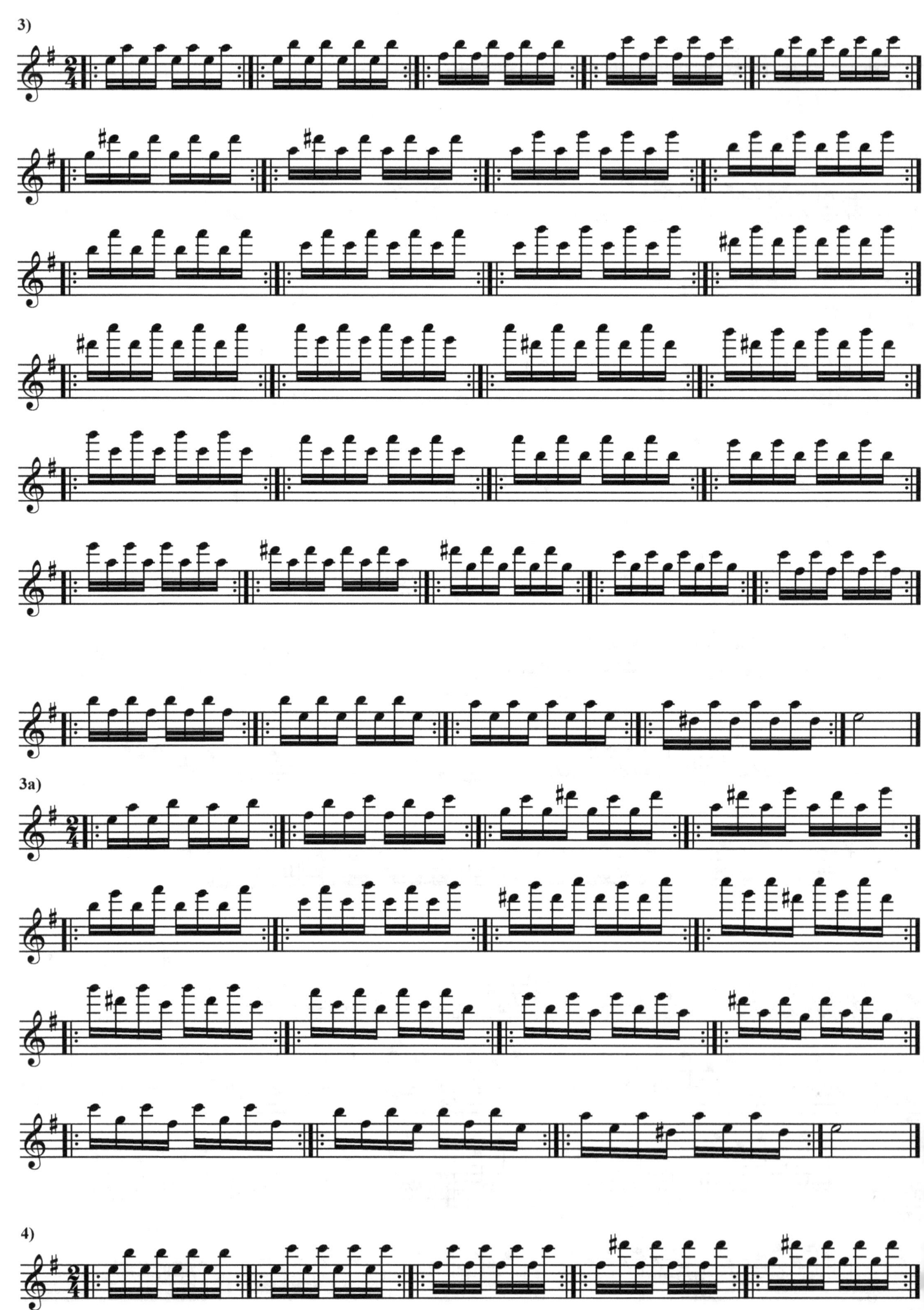

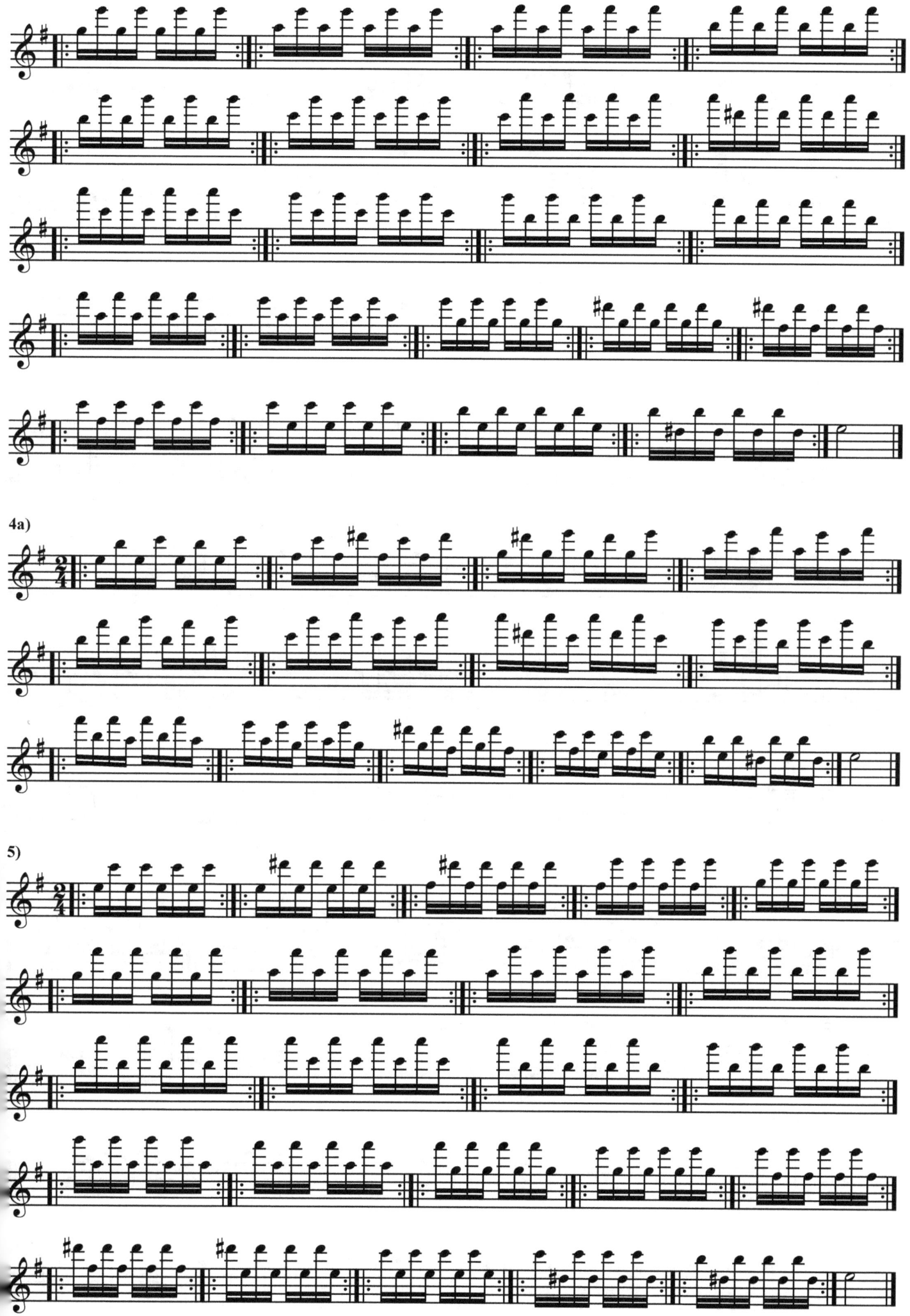

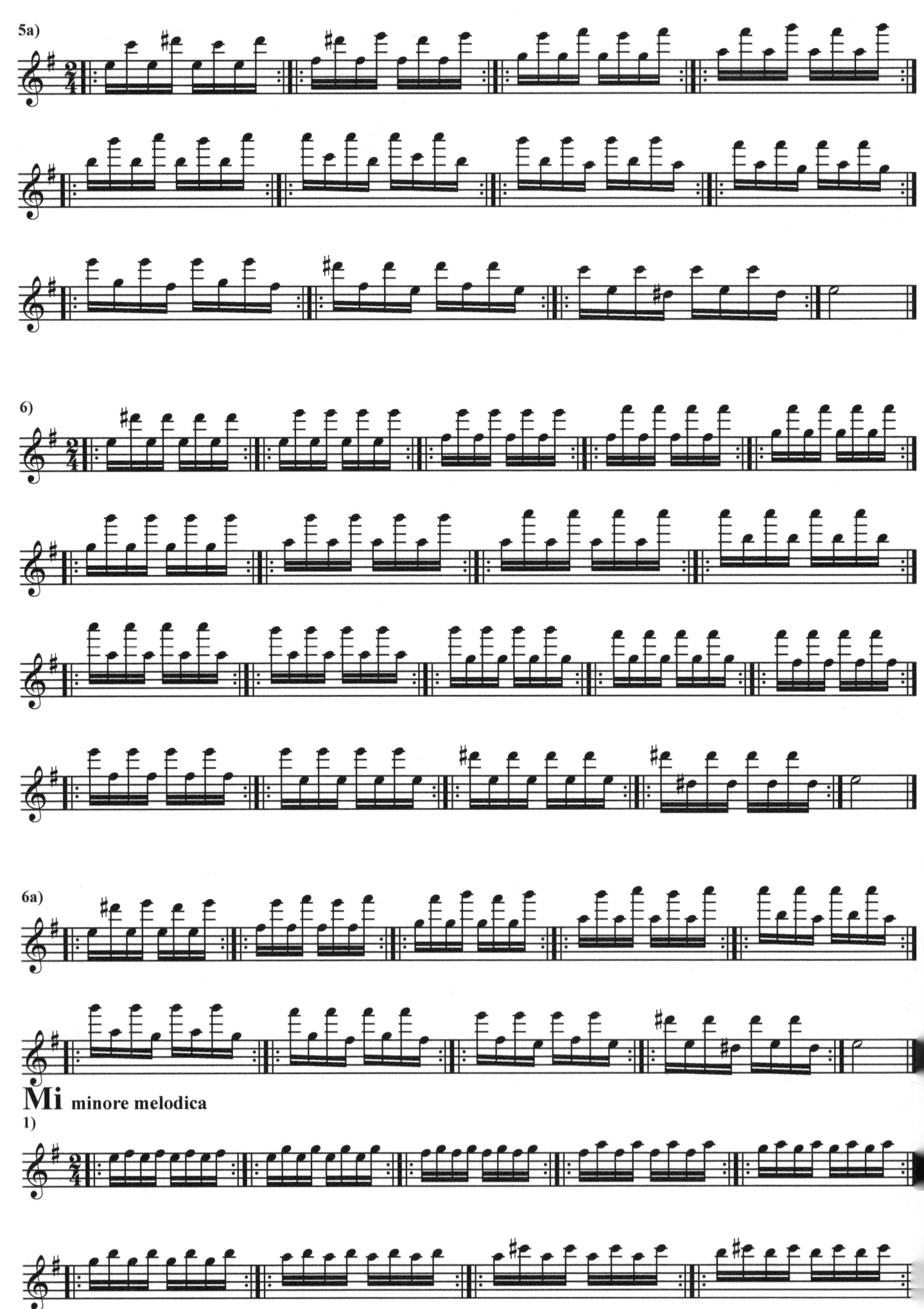

Mi minore melodica

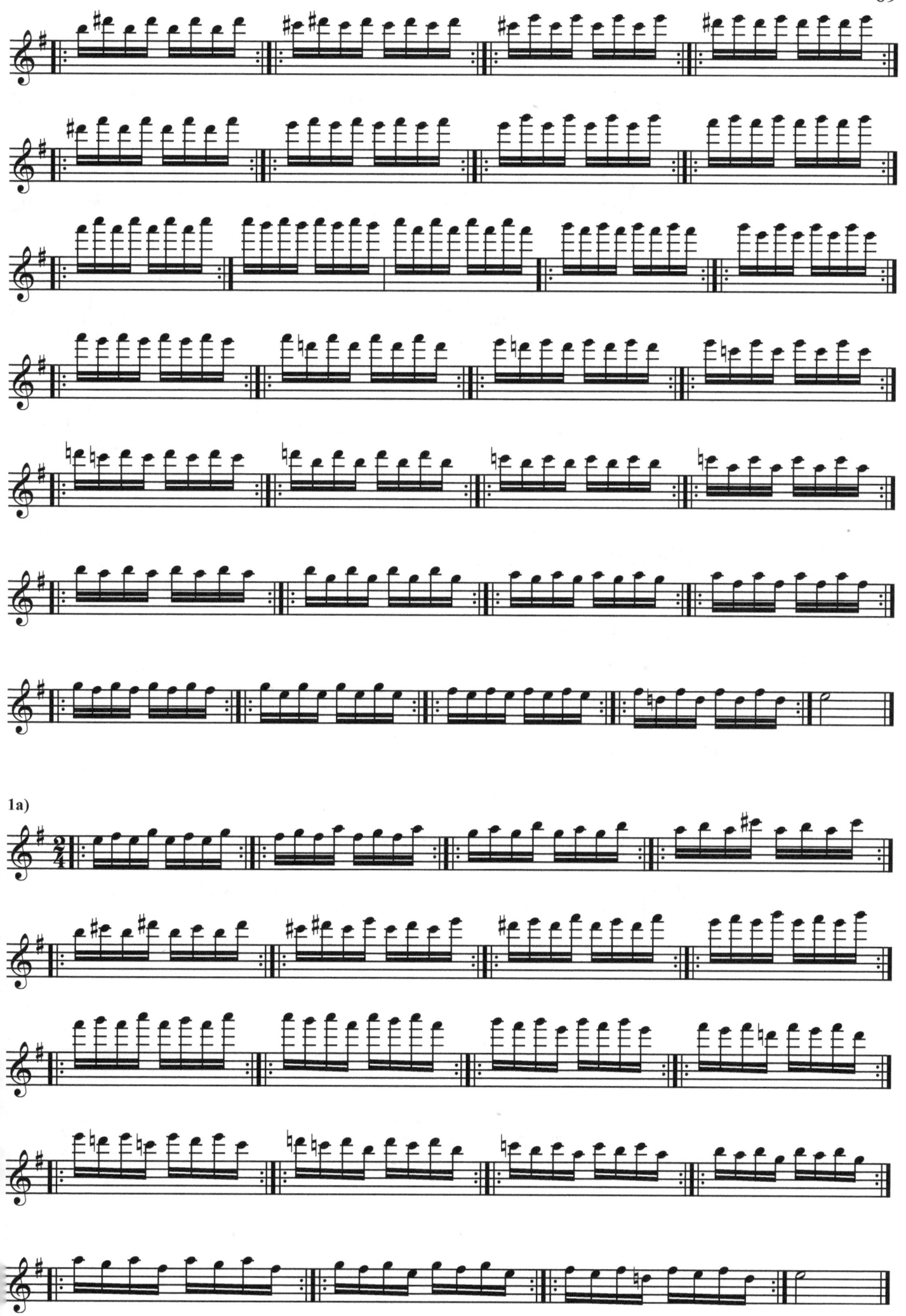

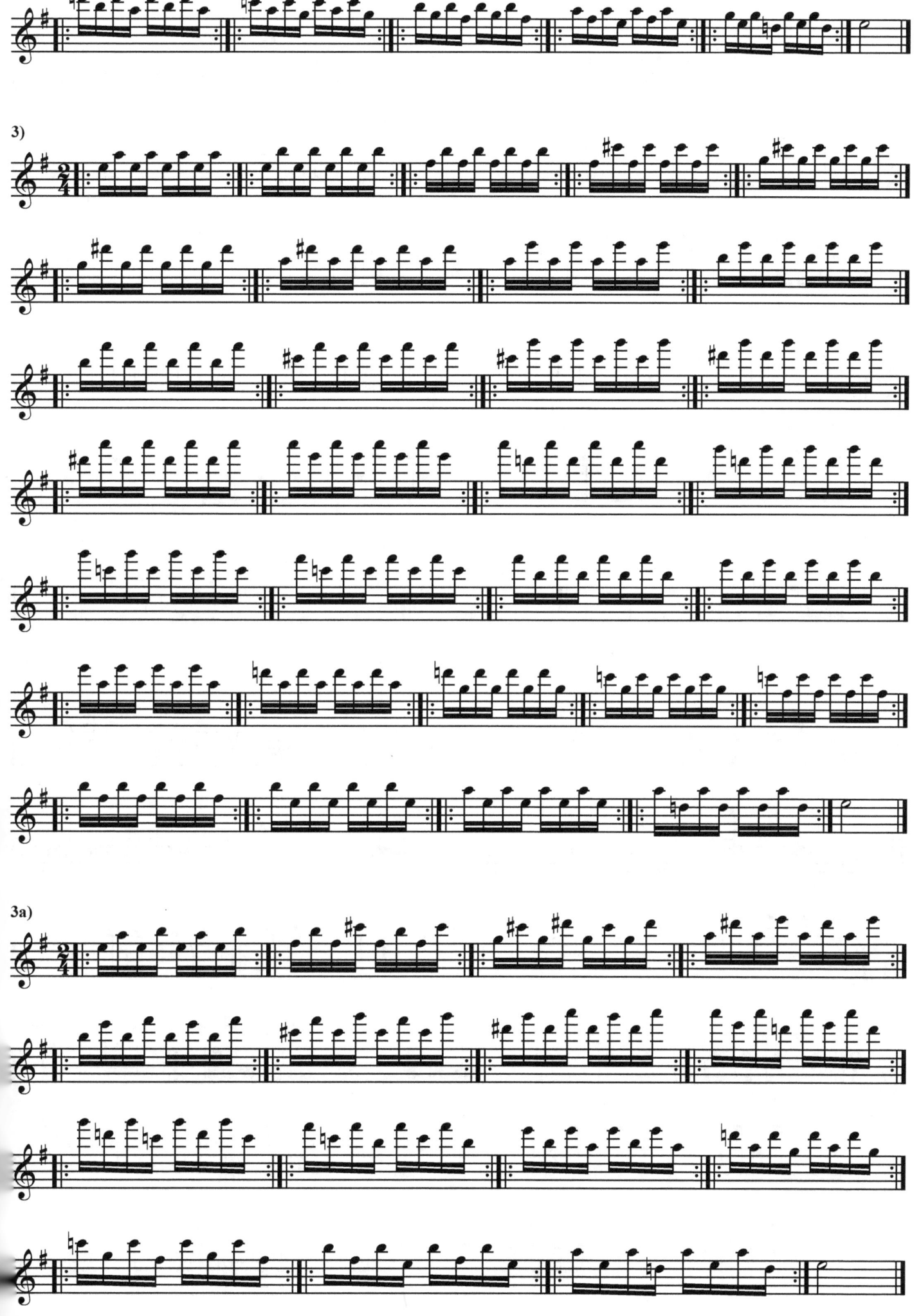

Mi minore Bach

1)

1a)

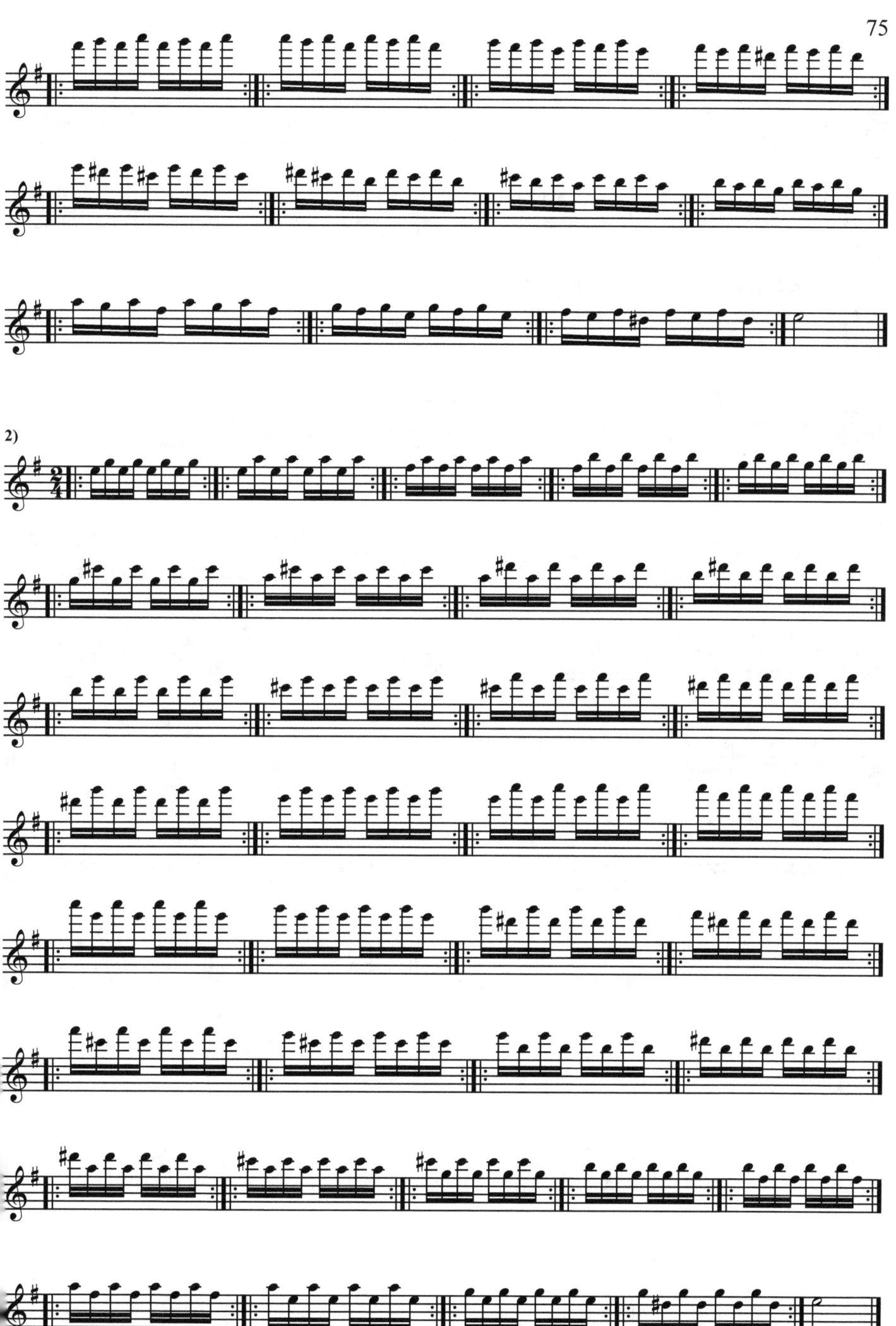

76

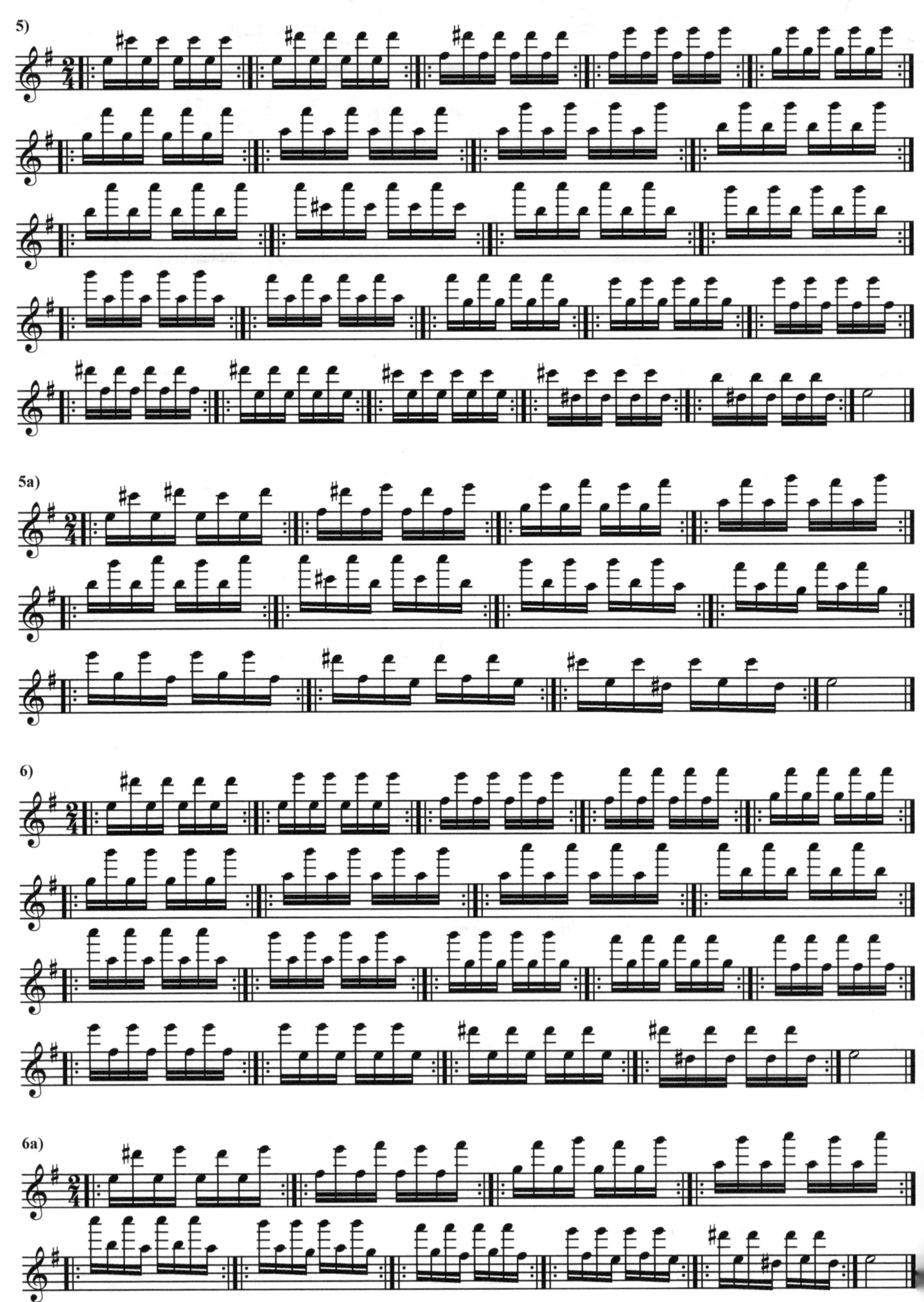

Finito di stampare nel mese di Ottobre 2015
per conto di Youcanprint *Self - Publishing*

www.ingramcontent.com/pod-product-compliance
Lightning Source LLC
Chambersburg PA
CBHW081349160426
43196CB00015B/2705